TOTUUDEN
SANA

TOTUUDEN SANA

Raamatun auktoriteetti uskossa ja elämässä

TOM RUHKALA

ARMO KUSTANNUS - TAMPERE 2019

Totuuden Sana:
Raamatun auktoriteetti uskossa ja elämässä

Tom Ruhkala

© 2019 Armo kustannus
Järvensivuntie 9 A 1, 33100, Tampere

Graafinen suunnittelu:
Miska Wilhelmsson

ISBN 978-951-98691-2-4 (nid.)
ISBN 978-951-98691-3-1 (EPUB)

*Tämä kirja julkaistiin
Pastori Tom Ruhkalan 70-vuotisjuhlan kunniaksi*

*Kiitämme Jumalaa sinun uskollisesta
palvelustyöstäsi Suomessa!*

Rakkaudella,

Armon Baptistiseurakunnan jäsenet

"*Mutta me pyydämme teitä, veljet,
antamaan tunnustuksenne niille, jotka tekevät työtä
teidän keskuudessanne ja ovat teidän johtajanne Herrassa
ja neuvovat teitä, sekä pitämään heitä erinomaisen rakkaina
heidän työnsä tähden. Elükää rauhassa keskenänne.*"

1 Tessalonikalaiskirje 5:12-13

SISÄLLYS

1. RAAMATULLINEN USKO — 11
2. JUMALAN SANA — 19
3. RAAMATUN LOPULLISUUS — 25
4. SYDÄMEN VILPITTÖMYYS — 33
5. TAHALLINEN HYLKÄÄMINEN — 41
6. MAAILMANKAIKKEUDEN ALKU — 49
7. EVANKELIUMIN HYVÄ UUTINEN — 55
8. EVANKELIUMIN PÄÄHENKILÖ — 63
9. EVANKELIUMIN KANSA — 69
10. ISÄN VALITSEMAT — 75
11. POJAN LUNASTAMAT — 83
12. HENGEN SINETÖIMÄT — 91
13. HERRAN PELKO — 99
14. JUMALAN RAKKAUS — 107
15. ELÄMÄN LEIPÄ — 113
16. ELÄVÄ KULMAKIVI — 119
17. JUMALALLE ELÄMINEN — 127
18. TÄYTTYKÄÄ HENGELLÄ — 135
19. KRISTITTY PERHE (OSA 1): VAIMOT — 143
20. KRISTITTY PERHE (OSA 2): MIEHET — 149
21. KRISTITTY PERHE (OSA 3): LAPSET — 157
22. TAISTELU MIELESTÄ — 163
23. SANAN VÄÄRENTÄMÄTÖN MAITO — 171
24. NAISSAARNAAJAT — 179
25. HENGELLINEN YKSIMIELISYYS — 187
26. JUMALA PITÄÄ LUPAUKSENSA — 195
27. JUMALA JA ISRAEL (OSA 1) — 203
28. JUMALA JA ISRAEL (OSA 2) — 211
29. LOPULLINEN TURVALLISUUS — 219

TOM RUHKALAN LYHYT ELÄMÄNKERTA — 227

1.

RAAMATULLINEN USKO

Elämme uskonnollisen sekasorron aikakautta. Monet sanovat uskovansa Jumalaan. Jotkut väittävät saavansa syviä hengellisiä kokemuksia. Jotkut väittävät saavansa Jumalalta uusia ilmoituksia tai unia tai puhuvansa kielillä. Jotkut vaipuvat hurmostilaan tai puhuvat enkelien kanssa tai lentävät taivaaseen ja takaisin. Ei näytä olevan mitään rajaa sille, mitä ihmiset hyväksyvät uskon nimessä. Yleinen käsitys hengellisestä ihmisestä on, että hän on mystinen, epäkäytännöllinen, epärealistinen ja elää toisessa maailmassa. Jotkut jopa pitävät sellaista ihmistä ihanteena. Vain se, että joku on mystinen ja puhuu uskosta Jumalaan, ei kuitenkaan merkitse, että hän olisi kristitty. Kaikkien uskontojen parissa esiintyy mystisiä kokemuksia.

Raamatullinen usko ei ole outoa tai mystistä. Kristinusko ei perustu lämpimiin tunteisiin tai tunteellisiin kokemuksiin. Kristillinen usko perustuu ikuisiin Raamatun totuuksiin. Raamattu määrittelee uskon rajat. Emme tietäisi, mitä uskoa, ellei Jumala olisi antanut meille täsmällisiä yksityiskohtia kirjallisessa muodossa. Pohjimmiltaan uskossa on kyse Raamatun arvovallasta. Joko ihminen uskoo koko Raamatun tai hän ajelehtii ihmisjärkeilyn varassa. Ilman Raamatun arvovaltaa ei ole olemassa mitään lopullista auktoriteettia. Jokaisella on oma yksityinen tulkintansa totuudesta. Jokainen tekee sitä, mikä hänen omasta mielestään on oikein (Tuom 21:25).

Raamatun tärkeimmät totuudet ovat tarpeeksi selkeitä kenen tahansa ymmärtää ja uskoa. Ihminen on syntinen. Kristus kuoli meidän syntiemme tähden ja nousi kuolleista. Nämä tosiasiat on ymmärrettävä selvästi ja hyväksyttävä, tai muuten uskolla ei ole lujaa pohjaa, johon perustua. Evankeliumin ydin on tämä: "...että Kristus on kuollut meidän syntiemme tähden, kirjoitusten mukaan, ja että hänet haudattiin ja että hän nousi kuolleista kolmantena päivänä kirjoitusten mukaan" (1 Kor 15:3b-4). Nämä tosiasiat ja muut niihin liittyvät tosiasiat ovat välttämättömiä pelastavalle uskolle. Mikään ei korvaa tosiasioita. Evankeliumi on yksinkertainen mutta totta. Sen tietämiseen ei tarvita mitään erityisiä ilmestyksiä. Se on kirjoitettu Raamattuun. Aito usko hyväksyy sen. Mikä tahansa muu uskon nimessä kulkeva on itse asiassa epäuskoa.

Raamatun huolimaton käyttö on aivan yhtä pahaa kuin epäusko. Ei ole mitään väliä sillä, kuinka kovasti johonkin uskot. Se ei vaikuta kerrassaan mitään, jos se ei perustu Raamattuun oikein tulkittuna ja sovellettuna. Siitä riippumatta, kuinka hyviä tarkoitusperämme ovat, seuraukset voivat olla traagisia, jos tulkitsemme Raamattua väärin. Monet ovat ottaneet Raamatusta lupauksia, jotka eivät perustu tekstin oikeaan tulkintaan. Esimerkiksi ihmeparantajat käyttävät mielellään tätä raamatunkohtaa: "Hänen haavainsa kautta me olemme paratut" (Jes 53:5b). He väittävät, että sairaat paranevat, jos heillä on tarpeeksi uskoa tähän jakeeseen. Tämä raamatunkohta tarkoittaa kuitenkin sitä hengellistä parantumista, jonka Kristus sai aikaan kuolemalla ristillä. Israel oli synnistä "sairas". Jesaja 53 on ihana luku heidän tulevasta Vapahtajastaan ja Hänen kuolemastaan meidän sijastamme syntiemme sovittamiseksi. Sillä ei ole mitään tekemistä fyysisen parantumisen kanssa. Sitä ei voida käyttää Jumalan saamiseksi parantamaan ihmisiä fyysisesti.

Tunnemme erään naisen, joka vetosi Jesaja 53:5:een lemmikkikaninsa parantumiseksi. Hänen kanillaan oli silmätulehdus. Lääkitys ei parantanut sitä kokonaan. Hän vaati kaninsa parantumista. Hän uskoi lujasti, että kani oli parantunut, ja ylisti siitä Jumalaa. Mitä tapahtui? En tiedä tarkalleen. Meillä ei ole asiasta muuta tietoa kuin tämän naisen kertomus. Tällainen on ymmärtämätöntä Raamatun käyttämistä. Sillä ei ole mitään tekemistä raamatullisen uskon kanssa.

Liika keskittyminen itse uskoon johtaa harhaan. Usko ei ole voima, jota voisi käyttää halutun seurauksen aikaansaamiseksi. Uskossa itsessään ei ole mitään mystistä voimaa. Usko ei sellaisenaan voi auttaa ketään. Usko on vain keino hyväksyä Jumalan totuus. Jumalan armo on evankeliumin voima. "Sillä armosta te olette pelastetut uskon kautta" (Ef 2:8a). Kristuksen evankeliumi on totta. Jeesus kuoli meidän sijastamme meidän syntiemme tähden. Kun ihminen hyväksyy nämä totuudet sydämessään, Jumalan armo pelastaa syntisen.

Uskonnolliset ihmiset sanovat: "Riittää, kun uskoo!" Uskoo mihin? "Uskoo, että Jumala voi tehdä mitä tahansa!" Jumala on kyllä voimallinen tekemään mitä tahansa, mutta Hän ei koskaan toimi Sanaansa vastaan. Nykyisin esiintyy sellaistakin ajattelua, että Jumala antaa uskovalle mitä vain hän nimeää ja vaatii omakseen. Kun he näkevät jotakin, mitä uskovat Jumalan haluavan heidän saada, he vaativat sitä nimeltä mainiten itselleen

Jeesuksen nimessä. He rukoilevat ja uskovat Jumalan antavan sen heille, jos he vain uskovat siihen tarpeeksi.

Eräs ystävämme on kiinteistönvälittäjä. Muuan mystisesti uskoon suhtautuva kristitty pariskunta tuli hänen luokseen ostaakseen talon. Kun he löysivät talon, josta he todella pitivät, he vaativat sitä itselleen Herran Jeesuksen nimessä. He eivät välittäneet siitä, ettei heillä ollut siihen varaa. Pankki ei myöntänyt heille niin suurta lainaa. Se oli heille liian kallis talo. He halusivat sitä todella paljon, mutta eivät saaneet sitä, vaikka rukoilivat monta päivää ja uskoivat saavansa sen. Tämä "nimeä ja vaadi" -menetelmä ei perustu raamatulliseen totuuteen. Jumala ei ole koskaan luvannut, että kristityt voisivat yksilöidä mielihalujaan ja vaatia niitä itselleen Herran nimessä.

Raamatullinen usko on hyvin kapea. Se ei voi hyväksyä mitään Raamatun selvän opetuksen vastaista. Aito usko loukkaa kaikkia muita uskon lajeja. Koska Jumala on antanut meille kirjoitetun Sanansa, voimme tietää täsmällisesti, mikä on totta ja mikä on väärää. Mikä tahansa opetus, joka on ristiriidassa tämän kanssa, on yksinkertaisesti väärin. Selvästi raamatunvastaiset opetukset kuten evoluutio- eli kehitysteoria, kasteen pelastava armo, naissaarnaajat jne. eivät ilmiselvästi kuulu kristinuskoon. Vauvakaste on hyvä esimerkki. Jossakin papit keksivät opettaa, että kastevesi siirtää armoa vauvalle. Millä raamatunkohdilla he puolustavat tätä? He käyttävät miltei jokaista raamatunkohtaa, jossa puhutaan vedestä, mutta varsinkin sitä, missä Jeesus sanoi: "Antakaa lasten olla, älkääkä estäkö heitä tulemasta minun tyköni, sillä sen kaltaisten on taivasten valtakunta" (Matt 19:14). Tämä on hyvin herkkä raamatunkohta, mutta sillä ei ole kerrassaan mitään tekemistä kasteen kanssa.

Ikuinen totuus ei ratkea äänestämällä. Sillä ei

ole väliä, kuinka moni uskoo harhaoppiin, se on silti oleva väärin ikuisesti. Saatat sanoa: "Kuinka niin monet ihmiset voivat olla väärässä?" He ovat väärässä, koska he eivät ole käsitelleet Jumalan Sanaa huolellisesti. He ovat seuranneet muita ihmisiä ja hylänneet Raamatun. Raamatullista uskoa ei ratkaista demokraattisella enemmistöllä. Usko ihmisperinteisiin on pahempaa kuin arvotonta, sillä se luo väärää turvallisuutta. Usko "kasteen armoon" ei ole raamatullista uskoa. Raamattu ei liitä armoa kasteen rituaaliin. Usko johonkin, joka ei ole totta, on täysin tehotonta. Siitä riippumatta, kuinka lujasti uskot tai kuinka vilpitön olet, jos uskosi kohde ei ole totta, uskosi on turhaa.

Väärä usko paljastuu myös siinä, että se kieltää Raamatun opetukset. Kuka tahansa, joka kieltää sellaiset selvät Raamatun opit kuin helvetti, paholaisen olemassaolo tai ihmisen turmeltuneisuus, ei selvästikään ole kristitty. Uskovalla ei ole oikeutta valita, mihin oppeihin hän uskoo. Hän uskoo koko Jumalan Sanan. Vie tietenkin aikansa tutkia ja oppia kaikki, mitä Raamattu opettaa. Mutta aito uskon ihminen alistuu Raamatun arvovallan alle.

Niin monien ihmisten usko on mieletöntä. He eivät pysty selittämään sitä. He vetäytyvät, jos heiltä kysyy siitä. Se on liian henkilökohtaista, liian salaista, liian mystistä, liian tunnepitoista. Raamatullinen usko ei ole sellaista. Se on järkeenkäypää. Siinä ei ole mitään hävettävää. Paavali sanoi: "Sillä minä en häpeä evankeliumia; sillä se on Jumalan voima, itsekullekin uskovalle pelastukseksi" (Room 1:16a). Jos uskosi on niin syvällä ja niin henkilökohtainen asia, ettet voi selittää sitä, silloin se ei voi olla sama usko kuin kristityillä on. Jos et uskalla edes puhua siitä, se ei ilmeisestikään ansaitse kunnioitustasi. Voisi olla parempi vain myöntää, ettet usko evankeliumia. Silloin meillä ainakin olisi rehellinen lähtökohta keskustelulle.

Raamattu sanoo: "Usko tulee siis kuulemisesta, mutta kuuleminen Kristuksen sanan kautta" (Room 10:17). Vietän suurimman osan aikaani tutkien ja opettaen Raamattua, jotta ihmisillä olisi perusta uskolleen. En kehota ketään "vain uskomaan". Ihminen ei voi uskoa sellaista, mitä hän ei tiedä ja täysin ymmärrä. Selkeä ymmärrys Jumalan totuudesta on olennaista raamatulliselle uskolle. Raamatulla on suuri voima, koska se on Jumalan ikuinen totuus. Kun nuo totuudet tuodaan julki ja niitä sovelletaan oikein, ihmisen elämä muuttuu. Jumala pelastaa ihmisen Sanansa muuttavalla voimalla.

Raamatullinen usko ei jää koskaan pelkäksi teoriaksi. Se muuttaa aina ihmisen elämän. Hebrealaiskirje 11 on uskon luku. Siinä sanotaan, että Aabel uskoi Jumalaa ja uhrasi Hänelle paremman uhrin kuin Kain (j. 4). Nooa uskoi Jumalaa ja rakensi arkin (j. 7). Aabraham uskoi Jumalaa ja lähti kotimaastaan (j. 8-9). Mooses uskoi Jumalaa ja otti mieluummin kärsiäkseen vaivaa yhdessä Jumalan kansan kanssa kuin saadakseen synnistä lyhytaikaista nautintoa (j. 25). Uskon ihmiset toimivat aina Jumalan tahdon mukaisesti. He alistuvat Hänen tahtoonsa. He eivät välitä siitä, mitä uhrauksia heidän on tehtävä tai mitä vaikeuksia heidän on kestettävä, he osoittavat aina uskonsa.

Uskon, että nyt enemmän kuin koskaan ennen todellisten uskon ihmisten on seisottava Herran puolella. Jumala haluaa kansansa olevan yhtenäinen, pyhä todistajajoukko tälle jumalattomalle sukupolvelle. Hiljaisille kristityille ei ole sijaa. Niin kuin Elia sanoi Israelin kansalle kauan sitten: "Kuinka kauan te onnutte molemmille puolille? Jos Herra on Jumala, seuratkaa häntä; mutta jos Baal on Jumala, seuratkaa häntä" (1 Kun 18:21). Elia oli ainoa kyllin rohkea seisomaan Herran puolella. Niitä ei ole koskaan paljon, jotka seisovat Herran puolella. Jos uskosi on raamatullista, se tulee olemaan myös kestävää. Jumala antaa sinulle rohkeuden seisoa Hänen puolellaan.

2.

JUMALAN SANA

"Sillä Jumalan sana on elävä ja voimallinen ja terävämpi kuin mikään kaksiteräinen miekka ja tunkee lävitse, kunnes se erottaa sielun ja hengen, nivelet sekä ytimet, ja on sydämen ajatusten ja aivoitusten tuomitsija; eikä mikään luotu ole hänelle näkymätön, vaan kaikki on alastonta ja paljastettua hänen silmäinsä edessä, jolle meidän on tehtävä tili." Heprealaiskirje 4:12-13

Tämä lyhyt mutta voimakas raamatunkohta seuraa heti varoitusta valheuskoville, jotka eivät ole päässeet pelastuksen lepoon. Tämä on vakava varoitus niille, jotka tietävät evankeliumin, mutta epäröivät luottamasta täysin Kristukseen. Monta pinnallista uskovaa temmattiin heprealaisherätysliikkeen mukaan. He uskoivat totuuksia Jeesuksesta, mutta eivät todella uskoneet Häneen pelastajanaan. Ulkonaisesti he näyttivät samanlaisilta kuin tosiuskovat. Emme aina pysty tietämään, kuka on todella uskossa ja kuka ei ole, mutta Jumala pystyy. Jumalaa ei voida narrata laimealla uskolla. Teeskenteleminen ja tekopyhyys tulee paljastetuksi. Mikään uskontunnustus, siitä huolimatta kuinka puhdasoppinen se on, ja mikään hyvien tekojen luettelo, siitä huolimatta kuinka uhrautuva se on, ei tule merkitsemään yhtään mitään Jumalan edessä. Jumala näkee sydämen ajatukset ja aivoitukset.

On vaikea erottaa Jumala Hänen Sanastaan. Jumalan Sana on niin kuin Jumala Itse. Se on elävä ja voimallinen. Se on elävä, sillä Pyhä Henki toimii Raamatun sanojen kautta. Kun ihminen kuulee Jumalan Sanan, niin Pyhä Henki soveltaa sitä häneen henkilökohtaisesti. Joskus Jumala soveltaa Raamattua meihin eri tavoin kuin odotamme. Hänen Sanansa toimii meissä, kunnes se särkee sydämiämme.

Se on myös lävitse tunkeva kuin terävä miekka. Nivelet ovat tiiviisti kiinni ja nivelsitein suojeltuja. Vaatii terävää miekkaa tunkea niveliin. Ydin on kaikkein syvin ja parhaiten suojeltu ruumiin osa. Ydin on kovan luun sisällä. Täytyy rikkoa luu paljastaakseen ydin. Vaatisi erittäin terävän ja kovan miekan kärjen tunkeutua ytimeen. Näin on myös Jumalan Sanan laita. Se painuu mieleen. Se tunkee lävitse niin kuin terävä miekka syvään ihmisen sieluun. Se tunkeutuu omaantuntoon. Se loukkaa ylpeyttä. Jumalan Sana menee syvälle sydämeen ja koskettaa tunteisiin, jotka ovat olleet haudattuja vuosia.

Muistan nähneeni Jumalan Sanan tulokset nuoren miehen sydämessä. Se oli ihmeellistä. Me olimme todistamassa Herrasta Drake Yliopistossa, Iowassa. Me tulimme ylioppilaan asuntolaan. Hän oli kääntynyt kristityksi vuotta aikaisemmin. Hänen uusi huonekaverinsa piti Raamattua pilkkanaan ja käyttäytyi niin kuin hän olisi liian älykäs uskoakseen sellaisia asioita. Jumala antoi minulle tilaisuuden avata Raamattu ja varoittaa häntä synnin vakavista tuloksista. "Hirmuista on langeta elävän Jumalan käsiin" (Hepr 10:31). En nyt muista kaikkea, mitä sanoin, mutta minä siteerasin

Raamattua runsaasti. Puhuttaessamme muutos alkoi tapahtua. En minä väitä, että Sana aina vaikuttaa näin nopeasti, mutta tässä tapauksessa tunnin sisällä oli ilmiselvää, että Jumala oli toimimassa. Nuoren miehen nimi oli Mike tai Mikko suomeksi. Ensin minä huomasin, kuinka Mikon kasvot muuttuivat hyvin vakaviksi. Selittäessäni evankeliumia kävi yhä selvemmäksi, että Mikko tajusi Jumalan Sanan olevan oikein ja itse olevansa syyllinen syntinen. Jokainen seuraava Raamatun lause iski häntä niin kuin lävitse tunkeva miekka. Hän horjui Jumalan Sanan tuomitsevan voiman alla. Lopussa Mikko oli polvillaan itkien ja pyytäen Jumalalta anteeksi syntejään. Hän oli loistavasti pelastunut ja alkoi palvella Herraa elämällään. Minä pääsin näkemään Jumalan Sanan voiman toimimassa.

Kun puhut Jumalan puolesta, käytä Hänen Sanaansa. Sillä on paljon enemmän voimaa kuin ihmisen sanoilla. Ihmiset tuntevat Jumalan Sanan voiman. He usein pelkäävät sitä. Esimerkiksi, jos tulet täynnä ihmisiä olevaan huoneeseen ja otat esille Raamatun, niin he alkavat hermostua ja tulla levottomiksi. Se on niin kuin kaksiteräisen miekan vetäminen. Se on vaarallinen syntisille. He eivät tahdo kuulla, mitä Raamattu sanoo. He tietävät sen tuomitsevan heidät. He yrittävät kaikenlaisia vältteleviä konsteja karttaakseen sinua, kun otat Raamatun esille. Jotkut löytävät tekosyitä lähteä. Toiset syyttävät ja taistelevat. Syntiset vihaavat Jumalan Sanaa, koska se paljastaa heidän syntinsä. Sanan terävä kärki loukkaa ja satuttaa. Käytä sitä varovaisesti. Minä ehdotan, että opettelet ulkoa Raamatun jakeita ja lausut niitä sen sijaan, että avaat itse Kirjan.

Kaksiteräinen miekka oli kaikkein vaarallisin ase Uuden testamentin aikoina. Se leikkasi molempiin suuntiin. Jos se osui lihaan, sen terävä kärki oli kuolettava. Jos sotilas veti kaksiteräisen miekan, se tarkoitti yhtä asiaa - sotaa! Jumala heiluttaa kaksiteräistä miekkaa. Se on Hänen kirjoitettu Sanansa. Jumalan Sana käy sotaa syntiä ja ihmisen ylpeyttä vastaan. Mikään sota-asu tai puolustus ei voi suojella Jumalan miekalta. Se tunkee lävitse kaiken ulkonaisen tekopyhyyden. Se iskee sinne, missä se satuttaa eniten - syvälle ihmisen sydämeen. Se tappaa ylpeyden. Jumalan täytyy vahingoittaa ennen kuin Hän voi parantaa. Hänen täytyy paljastaa synti, ennen kuin Hän voi antaa syntiä anteeksi.

Ihminen ei voi rajoittaa Jumalan Sanaa. Saarnaaja voi olla heikko ja vajavainen, mutta Jumalan Sana yhä toimii. Puhuen profeetan kautta Jumala sanoo: "Niin on myös minun sanani, joka minun suustani lähtee: ei se minun tyköni tyhjänä palaja, vaan tekee sen, mikä minulle otollista on, ja saa menestymään sen, mitä varten minä sen lähetin" (Jes 55:11). Jumalan Sana toimii kauan senkin jälkeen, kun saarnamies on mennyt kotiin. Se tunkeutuu ja leikkaa syvälle niin kuin terävä miekka. Se tuo mieleen synnit, jotka olivat jo unohdetut. Se tutkii ihmisen ajatuksia ja aikomuksia. Se tuomitsee meitä ja kehottaa meitä etsimään anteeksiantoa. Se ei jätä meitä rauhaan, ennen kuin me tottelemme sitä.

Jonakin päivänä ihmisten täytyy tehdä tiliä Jumalalle. "Eikä mikään luotu ole hänelle näkymätön, vaan kaikki on alastonta ja paljastettua hänen silmäinsä edessä, jolle meidän on tehtävä tili" (j. 13). Jumala näkee kaikki meidän salaiset syntimme. Emme pysty kätkemään niitä Häneltä. Hän näkee jopa meidän unohtamamme synnit. Kukaan ei voi välttää Jumalan tutkivaa silmää. Sinä päivänä, kun syntiset tuomitaan, he eivät voi pettää Jumalaa. Kaikki petollisuus ja tekopyhyys syrjäytetään. Silloin on hyvin vakava hetki niille, jotka tunsivat totuuden, mutta eivät toimineet sen mukaisesti.

Jumala tuomitsee ihmiset Hänen Sanansa mukaan. Apostoli Paavali kirjoitti siitä päivästä sanoen:

"Sinä päivänä, jona Jumala on tuomitseva ihmisten salaisuudet Kristuksen Jeesuksen kautta, minun evankeliumini mukaan" (Room 2:16). Me suhtaudumme Jumalan Sanaan vakavasti, sillä se on lopullinen peruste, jolla Jumala arvioi ihmisten sieluja. Jos ihminen ei nöyrry Jumalan Sanalle, silloin hän ei myöskään nöyrry Jumalalle. Et voi erottaa Jumalaa Raamatusta. Jokainen sana Raamatussa on sana, jonka Jumala antoi.

Jumala puhuu meille selkeästi Sanansa kautta. Hänen Sanansa on auktoriteettinen ja lopullinen. Kun apostoli Paavali puhuu Raamatussa, se ei ole vain hänen mielipiteensä vaan sama kuin Jumala itse puhuisi. Jos hylkäät Paavalin sanat tai minkä tahansa Raamatun kirjoittajan sanat, niin se on aivan sama kuin jos hylkäisit Jumalan sanat. Paavali muistuttaa lukijoilleen: "Sillä minä teen teille tiettäväksi, veljet, että minun julistamani evankeliumi ei ole ihmisten mukaista; enkä minä olekaan sitä ihmisiltä saanut, eikä sitä ole minulle opetettu, vaan Jeesus Kristus on sen minulle ilmoittanut" (Gal 1:11-12).

Kun syntiset joutuvat Jumalan eteen, he eivät voi sanoa, että he eivät uskoneet Raamattua, koska Paavali kirjoitti ennakkoluuloiselta farisealaiselta taustalta. Sellaiset väitteet ovat jumalanpilkkaa! Jumala antoi raamatunkirjoittajille oikeat sanat, eikä Hän päästänyt heidän kirjoituksiinsa yhtään virhettä. Meidän on joko toteltava Jumalan Sanaa tai annettava sen murskata meidät. Kellään ihmisellä ei ole oikeutta arvostella Raamattua. Jumala ankarasti tuomitsee ne, jotka suhtautuvat kevyesti Hänen Sanaansa.

Tänään Jumala puhuu Sanansa kautta. Hän varoittaa ja kehottaa ihmisiä parannukseen ja pelastuksen lepoon. "Ahkeroikaamme siis päästä siihen lepoon, ettei kukaan lankeaisi seuraamaan samaa tottelemattomuuden esimerkkiä" (j. 11). Nyt on aika totella Raamattua ja uskoa yksin Kristukseen. Tottelemattomuus tullaan rankaisemaan, mutta tottelevaisuus tullaan palkitsemaan pelastuksen makealla levolla ja iankaikkisella elämällä.

3.

RAAMATUN LOPULLISUUS

Joitakin vuosia sitten eräs uskova ystäväni antoi vaimolleni ja minulle kolmisivuisen kirjoituksen, jota hän kutsui "profetiaksi". Hän väitti, että Jumala oli antanut tuon Suomea koskevan "profetian" eräälle hänen ystävättärelleen, jota pidettiin profeettana. "Profetiassa" oli kaikenlaisia tuomion varoituksia Suomen kansalle, jos se ei tekisi parannusta.

Kysyin ystävältämme, oliko tämä viesti todella Jumalalta. Hän oli varma siitä, että se oli. Merkillistä kyllä, viesti oli olevinaan Jumalalta, mutta sitä ei saanut julkaista kaikkien luettavaksi. Siinä sanottiin toistuvasti: "Ei julkisesti, ei julkisesti." Ihmettelin, miksi Jumala varoittaisi Suomen kansaa eikä kuitenkaan haluaisi kaikkien näkevän sitä. Siinä oli monia muitakin selviä ristiriitaisuuksia Raamatun kanssa.

Samanlaisia esimerkkejä löytyy lukemattomia. Kysymys, joka niistä nousee esiin, on tämä: "Antaako Jumala vielä nykyäänkin erityisilmoituksia?" Monet vastaavat myöntävästi. Tutkikaamme tätä kysymystä Pyhän Raamatun valossa.

Juudas kirjoitti Raamattuun Pyhän Hengen ohjaamana: "...tuli minulle pakko kirjoittaa ja kehoittaa teitä kilvoittelemaan sen uskon puolesta, joka kerta kaikkiaan on pyhille annettu" (Juud 3). Alkuperäinen kieli on tässä hyvin painokas. Juudas puhuu "uskosta", joka on koko kristillisen opin kokonaisuus siten kuin Uusi testamentti sen esittää. Siitä sanotaan, että se on annettu siihen osallisille "kerran ja lopullisesti". Se tarkoittaa, että kristillisen opin koko sisältö annettiin kerran sen lopullisessa ja täydellisessä muodossa kestävine seurauksineen.

Sen selvittämiseksi, että juuri ne 27 kirjaa, jotka nyt muodostavat Uuden testamentin, todella kuuluvat Raamattuun, käytettiin neljää hyväksyttyä testiä: Ensiksikin, sen täytyi olla apostolin tai apostolin läheisen työtoverin kirjoittama. Toiseksi, sisällön täytyi olla sopusoinnussa apostolien opetusten kanssa. Kolmanneksi, sen täytyi olla seurakuntien käyttämä ja hyväksymä. Ja neljänneksi, sen täytyi olla seuraavan sukupolven uskovien hyväksymä. Vuoteen 404 jKr. mennessä yleisesti hyväksytty latinankielelle käännetty Raamattu oli valmis. Kaikki Uuden testamentin kirjat oli joko hyväksytty arvovaltaisiksi tai hylätty. Vuosisatoihin ei ole ollut kiistoja siitä, mikä on Jumalan Sana. Protestanttinen uskonpuhdistus perustui Sola Scriptura -periaatteeseen (yksin Raamattu). Kirkon traditioiden ja paavin auktoriteetin täytyi taipua Jumalan Sanan arvovallan edessä. Jos hylkäämme Jumalan Sanan lopullisuuden, julistamme avoimen hengellisen kilpailun ja sekasorron.

Korinton seurakuntaa vaivasivat eriseuraisuus ja sekasorto. Paavalin täytyi nuhdella heitä ankarasti: "Kuinka siis on, veljet? Kun tulette yhteen, on jokaisella jotakin annettavaa: millä on virsi, millä opetus, millä ilmestys, mikä puhuu kielillä, mikä selittää... sillä ei

Jumala ole epäjärjestyksen, vaan rauhan Jumala" (1 Kor 14:26,33). Tämä teksti voisi kuvata joitakin kristittyjä ryhmiä tänäänkin. He etsivät jotain uutta ja eksoottista. Raamattu ei riitä heille. He väittävät Jumalan antavan heille unia ja näkyjä, jotka ovat yhtä arvovaltaisia kuin Raamattu. "Uudet ilmoitukset" alkavat sitoa uskovan omaatuntoa. Niitä meistä, jotka emme hyväksy heidän ilmestyksiään, väheksytään herkästi ja pidetään vähemmän hengellisinä. Tällainen erottaa. Lopputulos on hajaannus, eriseuraisuus ja sekasorto.

En yhtään väheksy Pyhän Hengen aitoa johtoa rukoilevan uskovan elämässä. Jumala johtaa minua tutkiessani Hänen Sanaansa ja taipuessani sen opetuksiin. Joskus Hän käyttää olosuhteita ohjaamaan askeleitamme. Joskus opin uutta totuutta Hänen Sanastaan ja riemuitsen. Mutta Jumala ei anna enää erityisiä, arvovaltaisia ilmoituksia unien, ilmestysten yms. kautta. Ne loppuivat, kun Ilmestyskirja loppui. Aivan Raamatun lopusta luemme nämä sanat: "Minä todistan jokaiselle, joka tämän kirjan profetian sanat kuulee: Jos joku panee niihin jotakin lisää, niin Jumala on paneva hänen päällensä ne vitsaukset, jotka ovat kirjoitetut tähän kirjaan; ja jos joku ottaa pois jotakin..." (Ilm 22:18-19). On vaarallista väittää jonkun uuden ilmoituksen olevan yhtä arvovaltainen kuin Raamattu. Raamatun loppua ei ole jätetty avoimeksi. Raamattu on täydellinen. Jumalalta ei ole tulossa enää uusia ilmoituksia.

Jotkut sanovat, että yllämainittu koskee vain Ilmestyskirjaa. Tietysti se on teknisesti totta. Mutta huomatkaamme, että Ilmestyskirja laitettiin Raamatun viimeiseksi kirjaksi. Jos on väärin lisätä jotain Raamatun viimeiseen kirjaan, on väärin lisätä mitään mihinkään muuallekaan Raamattuun. Jotkut näistä uusista "profeetoista" sanovat nyt tietysti, että heidän ilmoituksensa ovat Jumalalta, mutta niitä ei ole tarkoitus asettaa Raamatun rinnalle, että ne eivät ole yhtä arvovaltaisia kuin Raamattu. Kuuntelehan: Jumala ei anna viestejä, jotka olisivat vain osittain Hänen inspiroimiaan eli osaksi arvovaltaisia. Jokainen Jumalasta lähtenyt sana on yhtä paljon ja yhtä ehdottoman arvovaltainen. Nykyaikana annettu ilmoitus ei voisi olla "vähemmän" arvovaltaista kuin entinen. Jos se olisi oikeaa Jumalan ilmoitusta, sillä olisi sama arvovalta kuin Raamatulla. Jumalan Sana on lopullinen ja muuttumaton. Kaikki Jumalan Sana osoittautuu todeksi. Se on virheetöntä.

Toisaalta voisin mainita esimerkkejä itsensä kanssa ristiriidassa olevista "profetioista", joita olen kuullut. Sinäkin olet varmaan kuullut niitä. Nykyiset "profetiat" jäävät usein täyttymättä ja lopulta ne unohdetaan. Jumala ei toimi sillä tavalla.

Uusi ilmoitus johtaa aina virheeseen. Tässä vain muutamia ääriesimerkkejä: Vuonna 1546 roomalaiskatolinen kirkko lisäsi apokryfikirjat Raamattuun vastatoimena uskonpuhdistukselle. Apokryfikirjoja on 14, ja niiden oppi on Raamatun vastaista. Roomalaiskatoliset väittävät myös, että heidän paavinsa sanat ovat erehtymättömät hänen puhuessaan ex cathedra (viran puolesta). Joseph Smith väitti nähneensä näyn. Vuonna 1830 hän julkaisi Mormonien kirjan, joka kieltää armon kautta pelastumisen ja kolminaisuusopin muiden virheiden ohella. Sen väitetään olevan Raamattua korkeampi ilmoitus. Kristillinen tiede -uskonto perustuu kirjaan nimeltä "Tiede ja terveys, avaimella Raamattuun", jonka on kirjoittanut Mary Baker Eddy. Se kieltää mm. synnin ja pahuuden olemassaolon. Jehovan todistajat perustavat opetuksensa Charles T. Russellin kirjoituksiin. He kieltävät mm. Kristuksen jumaluuden ja Hänen ruumiillisen ylösnousemuksensa.

En tarkoita, että ystävämme kolmisivuisine profetioineen tai kukaan muukaan uusia ilmoituksia hyväksyvä olisi pahuudessa verrattavissa näihin kultteihin. Pyrin vain sanomaan, että leikittelemme hyvin vaarallisen erehdyksen kanssa, jos hylkäämme Raamatun lopullisuuden. Joidenkin kristittyjen parissa on havaittavissa suuntaus mystiseen kristillisyyteen, jossa ei ole todellista sisältöä. Äärimmäisyydet alkavat yleensä pienistä poikkeamista. Jos alamme hyväksyä uusia ilmoituksia, sille ei löydy mitään rajoja. Ihmiset voivat väittää melkein minkä tahansa olevan Jumalasta.

Joissakin tapauksissa ongelma voi olla se, että ihmiset eivät pidä sanomasta, jonka Jumala antoi Sanassaan. He haluavat sopivamman sanoman. He ovat kuin Israel. Kun Jumala lähetti Jeremian julistamaan tuomiota, he torjuivat hänen sanomansa ja kääntyivät väärien profeettojen puoleen. Luemme: "Sillä näin sanoo Herra Sebaot, Israelin Jumala: Älkää antako profeettainne, joita on keskuudessanne, ja tietäjäinne pettää itseänne, älkääkä totelko unianne, joita te uneksutte. Sillä valhetta he ennustavat teille minun nimessäni; minä en ole lähettänyt heitä, sanoo Herra" (Jer 29:8-9).

Raamattu kertoo meille väärien profeettojen tulevan. Paavali varoitti: "Minä tiedän, että minun lähtöni jälkeen teidän keskuuteenne tulee julmia susia, jotka eivät laumaa säästä, ja teidän omasta joukostanne nousee miehiä, jotka väärää puhetta puhuvat, vetääkseen opetuslapset mukaansa" (Apt 20:29-30). Väärät profeetat ovat täällä. Moni on jo tullut vedetyksi heidän mukaansa. Paras keino oppia tunnistamaan väärät profeetat on tuntea Jumalan Sana hyvin. Meitä kehotetaan jatkuvasti tutkimaan Raamattua. Yksikään, joka opettaa vastoin Raamattua, ei ole Jumalan asialla (1 Joh 4:1-3).

Jotkut väärät profeetat ovat hyvin ovelia. Monet heistä väittävät Raamatun olevan heidän auktoriteettinsa. Olen kuullut usein esimerkiksi Vanhan testamentin Jooelin ennustusta käytettävän väärässä yhteydessä:

"Näitten jälkeen minä olen vuodattava Henkeni kaiken lihan päälle, ja teidän poikanne ja tyttärenne ennustavat, vanhuksenne unia uneksuvat, nuorukaisenne näkyjä näkevät" (Jooel 2:28). Tämä lupaus annettiin Israelin kansalle. Mikään näistä asioista ei tule toteutumaan seurakunnan aikana. Tässä puhutaan tulevasta ajasta, jolloin Israel on palautettu ennalleen Jumalan suosioon. Seurakunnalle on annettu monia erityislupauksia, mutta tämä ei ole niitä. Emme käsittele Raamattua rehellisesti, jos tämän nimenomaisesti Israelille annetun Vanhan testamentin lupauksen nojalla annamme oikeutuksen kaikenlaiselle epänormaalille käyttäytymiselle tänä päivänä.

On hengellisesti epätervettä etsiä aina uutta ja eksoottista. Seurakunnat, jotka väittävät tarjoavansa jotakin uutta, vetävät aina ihmisiä puoleensa, koska sellainen kiehtoo ihmisen syntistä luontoa. Suuret joukot eivät välttämättä merkitse, että Jumala on pelastamassa sieluja synnistä. Jumala pelastaa vain Raamatussa ilmoittamansa totuuden perusteella. Jos etsit jotakin lisää, tarjoat Saatanalle tilaisuuden antaa sinulle väärennöksen. Jumala on päättänyt pitää meiltä jotkut asiat salassa omaksi hyväksemme. "Se, mikä on salassa, se on Herran, meidän Jumalamme; mutta mikä on ilmoitettu, se on meitä ja meidän lapsiamme varten ikuisesti..." (5 Moos 29:29). Älä odota Jumalan lähettävän enää uusia ilmoituksia tänä aikakautena.

Jokainen uusi ilmoitus on siis automaattisesti väärä! Siitä riippumatta, kuka sen antoi tai mitä se sanoo. Se on väärennös! Se voi olla Saatanasta, tai se voi olla ihmisestä, mutta se ei ole Jumalasta.

Emme tarvitse uusia ilmoituksia. Raamattu riittää. Jumala on jo antanut meille kaiken, mitä tarvitsemme elääksemme pyhää ja jumalallista elämää. "Jokainen kirjoitus... on syntynyt Jumalan Hengen vaikutuksesta... että Jumalan ihminen olisi täydellinen, kaikkiin hyviin tekoihin valmistunut" (2 Tim 3:16-17). Meidän on tarpeellista tutkia sitä ilmoitusta, jonka Jumala on jo antanut meille. Meidän tulee alistaa elämämme sen arvovallan alle. Jos et vielä ole aloittanut Jumalan Sanan tutkimista, kannustan sinua aloittamaan tänään. Kun tutkit Raamattua huolellisesti, tulet yllättymään löytäessäsi uutta totuutta, jota et ole ennen käsittänyt.

Daavid kirjoitti Psalmeissa Pyhien Kirjoitusten siunauksesta: "Ne ovat kalliimmat kultaa, puhtaan kullan paljoutta, makeammat hunajaa ja mehiläisen mettä. Myös sinun palvelijasi ottaa niistä vaarin, niiden noudattamisesta on suuri palkka" (Ps 19:11-12).

4.

SYDÄMEN VILPITTÖMYYS
Matteus 6:22-24

Jeesus sanoi: *Silmä on ruumiin lamppu. Jos siis silmäsi on terve, niin koko sinun ruumiisi on valaistu. Mutta jos silmäsi on viallinen, niin koko ruumiisi on pimeä. Jos siis se valo, joka sinussa on, on pimeyttä, kuinka suuri onkaan pimeys!* (j. 22-23). Nämä jakeet laajentavat edellisiä jakeita, jotka käsittelivät aarteita. Jos elämämme aarre on tämän maailman materiaalisia asioita, koi ja ruoste syövät ne ja varkaat varastavat ne. Lopulta menetämme kaiken.

Silmä on ruumiin lamppu. Suurin ruumiinvamma on sokeus. Sokea ihminen voi korvata puuttuvaa näköään muilla aisteillaan, mutta hän ei voi koskaan tulla tuntemaan maailmaa näkevien lailla eikä päästä käsittämään ympärillään olevan maailman ihmeellisyyttä. Hyvä näkökyky on välttämätön suoriutuaksemme jokapäiväisistä toimistamme. Sokeat ovat monissa asioissa riippuvaisia näkevistä.

Herramme Jeesus käyttää näkemistä sydämen vertauskuvana. Sydän on sielun silmä. Jumalan totuus, rakkaus ja rauha saavuttavat meidät sydämen kautta. Samoin kuin näemme fyysisesti silmällä, ymmärrämme hengellisiä totuuksia sydämellä. Sydän on hengellinen elin, jonka avulla näemme ja arvostelemme kaiken hengellisen todellisuuden.

Kun sydän on vilpittömän antautunut Jumalalle, silloin kaikki muu elämässämme löytää oikean paikkansa. On kuin hyvin näkevä ihminen kulkisi polkua pitkin. Hän näkee polun jokaisen kuopan ja mutkan selvästi. Hän ei lipsu eikä kompastu, koska voi helposti astua esteitten yli. Kun sydämesi halusta noudatat Jumalan tahtoa, vältyt paljolta turhalta. Kun aarteesi on taivaassa, voit kestää menetyksiä tässä elämässä, koska saat luottaa siihen, että aarteesi on turvassa Jumalan luona. Jos hengellinen silmäsi on terve, näet tämän maailman oikein. Maailman himot eivät voi johtaa sinua harhaan. Sinulla ei ole vääriä arvoja eikä vääriä tavoitteita. Sinulla on oikea asenne materiaalisia asioita kohtaan.

Hengellinen sokeus on vakavampi vamma kuin fyysinen sokeus. Kun ihmisen hengellinen näkökyky ei ole hyvä, materiaaliset asiat sekoittavat hänen mielensä. Hän arvostaa rahaa aivan liian paljon. "Sillä rahan himo on kaiken pahan juuri; sitä haluten monet ovat eksyneet pois uskosta ja lävistäneet itsensä monella tuskalla" (1 Tim 6:10). "Pahansuova haluaa kiihkeästi varallisuutta eikä tiedä, että hänet tappaa puute" (Snl 28:22). Rahan himo on varmasti suurin mielettömyys tässä elämässä. On toki muitakin. Jotkut joutuvat urheilun, politiikan tai vastaavien pauloihin. Mutta raha liittyy aina jollain tavoin noidenkin päämäärien tavoitteluun. Siksi Herra varoittaa meitä siitä, että hengellisen näkökykymme täytyy olla hyvä. Kaikki nuo muut asiat pimentävät hengellistä näkökykyämme. Ne estävät meitä näkemästä ikuisuutta selvästi.

Voisimme toisin sanoen kysyä: "Mitä rakastat koko sydämestäsi?" Jos rakastat mitä muuta tahansa enemmän kuin Jumalaa, silloin sydämesi ei ole vilpitön. Silmäsi ei näe selvästi. Sinulle on epäselvää, mikä elämässä on todella tärkeää. Jos ihminen rakastaa eniten työtään tai yritystoimintaansa enemmän kuin Jumalaa, silloin hän tulee kompastumaan hengellisesti. Hänen sydämensä tulee kuormittumaan maallisilla huolilla. Hän ei kykene näkemään hengellisesti. Monet asiat ovat tärkeitä käytännön kannalta, mutta kaiken on jäätävä toiselle sijalle Jumalalle antautumisemme jälkeen. Perheet ovat tärkeitä, niin myös työpaikat ja urat ja avioliitot. Mutta mikään ei ole niin tärkeää kuin selvä näkemys iankaikkisuudesta ja Jumalan tahdon noudattaminen vilpittömin sydämin.

Viallinen silmä on itsekäs sydän. Materialistinen ihminen tulee itaraksi, ahneeksi ja hengellisesti sokeaksi. Materialismi sokaisee ihmiset näkemästä iankaikkisuutta. Ihminen, jolla on väärät arvot, voi luulla ymmärtävänsä hengellisiä asioita, mutta hänellä ei ole hengellistä valoa. Hän hoipertelee ympäriinsä kuin sokea. Mutta jos silmäsi on viallinen, niin koko ruumiisi on pimeä. Jos siis se valo, joka sinussa on, on pimeyttä, kuinka suuri onkaan pimeys! (j. 23). Sellainen ihminen luulee näkevänsä selvästi, mutta se mitä hän kuvittelee valoksi onkin pimeyttä. Siksi hän pettää itseään, ja hänen pimeytensä on äärimmäistä pimeyttä.

Fariseukset yrittivät opettaa muille Jumalan lakia, mutta heidän omat sydämensä eivät olleet oikeassa suhteessa Jumalaan. He ahnehtivat rahaa itselleen. Jotkut heistä olivat hyvin rikkaita. Joissakin tapauksissa he olivat rikastuneet huijaamalla rahaa leskiltä. Jeesus sanoi: "Älkää heistä välittäkö: he ovat sokeita sokeain taluttajia; mutta jos sokea sokeaa taluttaa, niin he molemmat kuoppaan lankeavat" (Matt 15:14). Heidän hengelliset silmänsä eivät olleet terveet. He yrittivät palvella Jumalaa, mutta eivät voineet, koska tämän maailman rikkaudet pimensivät heidän tyhmät sydämensä.

Sanotaan, että nuoralla kävelevien akrobaattien täytyy kiinnittää katseensa johonkin kaukaiseen kohteeseen tasapainossa pysyäkseen. Jos he katsovat kaukana alapuolellaan olevaan maahan, he voivat pudota ja kuolla. Heidän on kiinnitettävä katseensa vain yhteen asiaan kulkiessaan eteenpäin, muuten he putoavat.

Samoin on kristityn elämässä. Meidän on keskityttävä noudattamaan Jumalan tahtoa ennen kaikkea muuta. "Söittepä siis tai joitte tai teittepä mitä hyvänsä, tehkää kaikki Jumalan kunniaksi" (1 Kor 10:31). Jos hengellinen näkökykymme ei ole hyvä, koko elämämme täyttyy pimeydellä.

Jae 24 jatkaa tämän saman totuuden kuvaamista, nimittäin herruutta. Onko sinun herrasi Jeesus Kristus vai mammona? Ei kukaan voi palvella kahta herraa; sillä hän on joko tätä vihaava ja toista rakastava, taikka tähän liittyvä ja toista halveksiva. Ette voi palvella Jumalaa ja mammonaa (j. 24). Sanan "herra" (kurios) alkuperäinen merkitys on orjanomistaja. Orja oli täydellisesti isäntänsä vallan alla. Jos isäntä oli tyytymätön orjaansa, hän saattoi tappaa hänet. Orjat tottelivat erittäin tarkasti sitä, mitä heidän isäntänsä heille sanoi. Sillä ei ollut väliä, vaikuttivatko isännän käskyt oikeilta vai vääriltä, orjan velvollisuus oli totella täydellisesti. Hänen elämänsä riippui siitä. Jos joku toinen kuin orjan omistaja käski orjaa tekemään toisin kuin hänen isäntänsä oli käskenyt, orja ei uskaltanut kuunnella häntä. Hänellä oli vain yksi isäntä.

Jeesus sanoi, että ei kukaan voi palvella kahta herraa. Niin kauan kuin molemmat herrat kulkevat samaan suuntaan ristiriitaa ei ole. Mutta sillä hetkellä, kun heidän tiensä erkanevat, palvelijan on valittava, kumpaa tottelee. Silloin nähdään kumpi hänen todellinen herransa on. Mikä tahansa kiihkeä mieltymys, joka hallitsee elämääsi, on sinun herrasi. Joitakin ajaa urheilemisen vimma. Itsekin harrastin joskus urheilua, joten tiedän, millaista se voi olla. Kaikki mitä viikon mittaan tein oli huolellisesti suunniteltu siten, ettei se vain haittaisi suoritustani. Silloinkin, kun en harjoitellut, pidin tiukasti huolen elintavoistani, etten vain heikentäisi suoritustani kilpailussa. Se oli kaikkein tärkeintä. Kilpailut olivat yleensä sunnuntaina. Silloin kristityn on päätettävä kumpaa herraa totella - urheilua vai Jumalaa. Jos haluaa menestyä urheilussa, täytyy omistautua sille täydellisesti. Kaiken muun on oltava toissijaista. Urheilu on herra. Jos urheilija onnistuu täydellisesti, hän voi voittaa kultamitalin olympialaisissa. Se on mukavaa. Mutta hän on hyödytön Jumalalle, koska on antanut elämänsä väärälle herralle.

Sana mammona on aramean murretta. Se tarkoittaa kirjaimellisesti "voitto, ansio". Joten se, minkä katsot voittaneesi tässä maailmassa, on mammonaa. Paavali sanoo: "Mutta mikä minulle oli voitto, sen minä olen Kristuksen tähden lukenut tappioksi" (Fil 3:7). Mammona on rahaa, urheilua, kauneutta ja ihmissuosiota. Useimmat palvelevat vaurautta muodossa tai toisessa. He eivät sitä myöntäisi, mutta totta se on. Maailma tarjoaa suuren valikoiman vääriä herroja. Et kenties himoitse rahaa kuten jotkut. Voit olla täysin rehellinen liiketoimissasi, mutta elämäsi päämäärä voi olla ihmishyväksynnän saavuttaminen. Jotkut etsivät hedonistista, nautinnoista tulevaa mielihyvää. Jotkut saavat tyydytystä matkustamisesta, korkeammasta koulutuksesta tai jonkin erikoisalan tuntemuksesta. Jotkut voivat palvella herraansa jonkin aikaa ja vaihtaa sitten johonkin toiseen väärään herraan. Niitä on mistä valita. Mutta voit palvella vain yhtä herraa kerrallaan.

Jotkut väittävät: "Ei minulla ole ketään herraa. Olen itse itseni herra. Minä päätän itse, kuinka elämäni elän. Kukaan ei määräile minua!" Jos sanot näin, silloin ylpeys on herrasi, ja ylpeys on erittäin julma herra. Ei ole mitään niin sokaisevaa ja hallitsevaa kuin itsepäisyys ja ylpeys. Jos todella haluat itse olla oman kohtalosi herra, silloin seuraat Lusiferia. Hän sanoi: "Minä nousen taivaaseen, korkeammalle Jumalan tähtiä minä istuimeni korotan ja istun ilmestysvuorelle, pohjimmaiseen Pohjolaan" (Jes 14:13). Ylpeys on aina itsepintaisen itsenäisyyden taustalla. Kuten kaikki väärät herrat, ylpeyskin uuvuttaa orjansa loppuun ja hylkää lopulta.

Jokaisella on herransa. Kyse on vain siitä, mikä niistä. Joku voi sanoa: "Kyllä minä pelaan mielelläni lottoa" tai "kerään postimerkkejä, mutta ei se minua hallitse. Se on pelkkä harrastus." Anna minun sanoa sinulle, että ei ole olemassa osa-aikaherroja. Herra vaatii täydellistä kuuliaisuutta koko päivän. Jollakulla voi olla herra, joka ei ensin ole kovin ilmeinen, koska sitä ei tarvitse suoranaisesti palvella 24 tuntia päivässä. Mutta kaiken, minkä he tekevät, he tekevät viime kädessä palvellakseen tuota herraansa. Toisille, kuten alkoholistille tai narkomaanille, voi olla päivän selvää, kuka heidän herransa on. He palvelevat herraansa suurella antaumuksella ja uhrauksilla. Jokaisella on herransa. Heidän herransa palkitsee heidät hyväksynnällä aina heidän totellessaan.

Kuka tai mikä on sinun herrasi? Saatat ensin ajatella, ettei sinulla ole herraa. Mutta jokaisessa ihmisessä on yksi kaikkein tärkein pakottava voima, joka säätelee ja rajoittaa kaikkia muita toimia. Se voi olla lapsesi tai maineesi vertaistesi joukossa. Olipa se mitä tahansa, se on sinun herrasi. Et säästele kustannuksissa etkä vaivoissasi sen eteen toimiessasi. Uhraat mitä tahansa palvellaksesi tuota herraa.

Jeesus haluaa olla sinun herrasi. Perheillä on niille kuuluva paikkansa, samoin työpaikoilla ja maineella ja kaikella muullakin. Mutta jos joku tai jokin tulee elämässäsi ennen Kristusta, palvelet väärää herraa. Herra Jeesus haluaa ensimmäisen sijan elämässäsi. Hän sanoi: "Ottakaa minun ikeeni päällenne ja oppikaa minusta, sillä minä olen hiljainen ja nöyrä sydämeltä; niin te löydätte levon sielullenne. Sillä minun ikeeni on sovelias, ja minun kuormani on keveä" (Matt 11:29-30). Herran Jeesuksen palveleminen ei ole kohtuutonta. Hän on hiljainen ja nöyrä. Kun Hän on herrasi, kaikki muukin asettuu oikeille paikoilleen. Kun Jeesus hallitsee elämääsi, Hän pyyhkäisee pois suuren joukon virheitä ja vääriä tavoitteita. Kun tottelemme Jeesusta Herrana, huomaamme, mikä on todella tärkeää. Emme tuhlaa aikaamme tämän maailman turhiin mieltymyksiin. Kun Jeesus on herra, voimme nähdä iankaikkisuuden selvästi. Voimme antaa elämämme Hänelle vilpittömin sydämin.

5.

TAHALLINEN HYLKÄÄMINEN
Roomalaiskirje 1:21-23

Jokainen tietää jotakin Jumalasta. Jumalan näkymätön olemus on tarkasti nähtävänä jokaiselle (j. 20). Kun ihminen näkee maailman, hän tietää, että Jumala on voimallinen. Kun ihminen kuuntelee omaatuntoansa, hän tietää, että Jumala on hyvä. Mutta synnillinen ihminen silti hylkää Jumalan ja menee omille teilleen. Sen takia ihminen ei voi millään puolustaa itseään. Hän ansaitsee täysin Jumalan vihan.

Ihminen hylkää Jumalan tahallisesti. Koska he, vaikka ovat tunteneet Jumalan, eivät ole häntä Jumalana kunnioittaneet eivätkä kiittäneet, vaan ovat ajatuksiltansa turhistuneet, ja heidän ymmärtämätön sydämensä on pimentynyt (jae 21). Me tulemme näkemään, että Jumalan tahallinen hylkääminen johdattaa turhuuteen ja pakanalliseen pimeyteen.

Jotkut väittävät, että ihmisen suurin ongelma on tietämättömyys. He väittävät, että ihminen on pohjimmiltaan hyvä, mutta hän joutuu harhaan, koska hän ei tiedä paremmin. Jos hän vain tietäisi totuuden, hän tekisi hyvää, he sanovat. Niin he lähtevät edistämään kouluja ja koulutusta joka tasolla. En minä vastusta koulutusta. Minusta on hyvä oppia mahdollisimman paljon. Mutta tietämättömyys ei ole ihmisen suurin ongelma. Ihmisen suurin ongelma on synti. Ihmiset tietävät Jumalasta, mutta silti he hylkäävät Hänet tahallisesti. Tämä hylkääminen johdattaa ihmistä yhä syvemmälle syntiin ja pimeyteen.

Koska he, vaikka ovat tunteneet Jumalan, eivät ole häntä Jumalana kunnioittaneet eivätkä kiittäneet. Jokainen tietää riittävän paljon Jumalasta kunnioittaakseen Häntä, mutta he eivät kunnioita Häntä. Jokainen tietää, että hänen pitäisi kiittää Jumalaa Hänen monista siunauksistaan, mutta hän ei kiitä Häntä. Ongelmana ei ole tietämättömyys; ongelmana on ihmisen uppiniskainen ja tahallinen Jumalan hylkääminen. Kun ihminen hylkää Jumalan, kaikki menee pahasta pahempaan.

Ihminen luotiin kunnioittamaan Jumalaa. "Antakaa Herralle hänen nimensä kunnia, kumartakaa Herraa pyhässä kaunistuksessa" (Ps. 29:2). Herran kunnioittaminen merkitsee Hänen tunnustamistaan Luojana ja maailmankaikkeuden hallitsijana. Se merkitsee Hänen jumalallisten ominaisuuksien kunnioittamista. Jumala on ennen kaikkea pyhä, siksi meidän pitäisi elää pyhästi. "Sillä kirjoitettu on: 'Olkaa pyhät, sillä minä olen pyhä'" (1 Piet. 1:16).

Ihminen ei myöskään kiitä Jumalaa. Jumala on kaiken hyvän lähde. Me otamme vastaan päivittäisen ruokamme Jumalalta. Hän antaa auringonpaisteen ja sateen, kylvämisen ja leikkaamisen, elämän ja terveyden. Kuitenkin useimmat käyttäytyvät niin kuin he ansaitsisivat nämä hyvät asiat. He ottavat vastaan kaikki Jumalan siunaukset, mutta eivät koskaan kiitä Häntä. Ihmisen epäusko tulee vielä pahemmaksi kiittämättömyyden takia.

Ihminen tahallisesti hylkää Jumalan, ei kunnioita Häntä eikä kiitä Häntä. Mikä on lopputulos? Ihminen alkaa kierteen alaspäin älyllisesti, hengellisesti ja moraalisesti. Ensinnäkin he ovat ajatuksiltansa turhistuneet, ja heidän ymmärtämätön sydämensä on pimentynyt (j. 21b). Jumalan hylkääminen merkitsee samaa kuin maailmankaikkeuden suurimman todellisuuden hylkääminen. Kun ihminen hylkää Jumalan, hän etsii viisautta muttei koskaan löydä sitä. Jumalaton ihminen pohtii maailmankaikkeuden alkua. Koska hän ei hyväksy Jumalaa, niin ei ole muuta vaihtoehtoa kuin jonkinlainen kehitysteoria. Kukaan järkevä ihminen ei usko, että maailma loi itsensä tyhjyydestä, mutta näin synnillinen ihminen uskoo. Kehitysopilla ei ole todistusaineistoa, mutta ihmisen filosofia pakottaa hänet hyväksymään sen. Hän toivoo, että ei ole Luojaa eikä siten ole tilintekoa Jumalan edessä.

Koulutus ilman Jumalaa on turhaa. Kun ihminen hylkää aidon Jumalan, hän hylkää myös moraalisuuden pohjan. Ihminen yrittää löytää merkitystä elämästä ilman Jumalaa, mutta hänen ymmärtämätön sydämensä on pimentynyt. Ainoa todellinen merkitys elämässä on elää Jumalan tahdon mukaisesti ja ikuisuus mielessä. Mutta syntinen ihminen hylkää Jumalan tahdon. Usein hänen turhat ajatuksensa johdattavat häntä etsimään mahdollisimman paljon mielihyvää täällä ja nyt, sillä haudan takana ei ole elämää. Ihminen löytää jonkin elämänkatsomuksen tukemaan synnillisiä tapojaan. Tämä vain johdattaa häntä suurempaan pimeyteen ja suurempaan syntiin. Loppujen lopuksi synti orjuuttaa ihmisen täysin, ruumiillisesti, sielullisesti ja hengellisesti. Niinpä on mahdollista, että jotkut ovat hyvin korkeasti koulutettuja mutta silti elävät hyvin synnillisesti.

Ihminen ilman Jumalaa on tyhmä huolimatta

siitä, kuinka paljon koulutusta hän saa. Kehuessaan viisaita olevansa he ovat tyhmiksi tulleet (j. 22). Mitä enemmän ihminen yrittää löytää lopullista totuutta ilman Jumalaa, sitä enemmän hän lankeaa vääryyteen ja turhuuteen. Ihminen yrittää löytää vastauksia maailmankaikkeudesta, inhimillisestä käyttäytymisestä, elämästä ja kuolemasta, mutta ei voi. Ihminen rationalisoi ja keksii teorioita muttei koskaan löydä totuutta. Ilman Jumalaa hän ei voi. Ihmisestä tulee vain suurempi hölmö. Ei ole väliä, mitä alaa sinä tutkit, et voi löytää lopullista totuutta ilman Jumalaa.

Yksi piirre nykyihmisissä on se, että he "aina ovat opetusta ottamassa, eivätkä koskaan voi päästä totuuden tuntemiseen" (2 Tim 3:7). Ihminen ei voi saavuttaa lopullista totuutta mistään, ennen kuin hän hyväksyy Jumalan ilmestyksen luonnossa, omassatunnossa ja lopullisesti Raamatussa. Ihmiset, jotka yrittävät olla viisaita ilman Raamattua, ovat oikeastaan vain suurempia hölmöjä. "Missä ovat viisaat? Missä kirjanoppineet? Missä tämän maailman älyniekat? Eikö Jumala ole tehnyt maailman viisautta hullutukseksi?" (1 Kor 1:20). Mitä hyötyä on tämän maailman filosofioista? Kaikki hyvä elämänkatsomuksellinen tieto löytyy Raamatusta.

Viisaus ja tieto ovat kaksi eri asiaa. Tieto ilman viisautta ei välttämättä ole hyvä asia. Tieto yksin saa aikaan ylpeyttä. Mutta nöyryys kuuluu aitoon viisauteen. "Herran pelko on viisauden alku, ja Pyhimmän tunteminen on ymmärrystä" (Snl 9:10). Ihminen ei edes ala olla viisas, ennen kuin hän pelkää ja kunnioittaa Herraa. Nykymaailmassa on monia hyvin koulutettuja ihmisiä. Yleinen koulutus on laajempi kuin koskaan ennen. Mutta on niin paljon koulutettuja ja tietäväisiä ihmisiä, jotka eivät pelkää Herraa. Tämä saa aikaan monta ongelmaa. Sen takia maailmamme on niin pahassa tilanteessa. Ihmiset hylkäävät Jumalan, ja se tuo ongelmia heille itselleen huolimatta siitä, kuinka hyvin koulutettuja he ovat.

Ihminen ilman Jumalaa ei voi ymmärtää mitään aihetta täydellisesti, mutta ihmisen ymmärrys hengellisissä asioissa on kaikkein vääristyneintä, koska siitä löytyy hänen synnillisen kapinointinsa ydin. Sen tähden hänen turha pohdiskelunsa joutuu kaikkein eniten harhaan filosofiassa ja uskonnossa. Seuraavaksi me näemme ihmisen keksimän uskonnon. Ja ovat katoamattoman Jumalan kirkkauden muuttaneet katoavaisen ihmisen ja lintujen ja nelijalkaisten ja matelevaisten kuvan kaltaiseksi (j. 23).

Jumalan tahallinen hylkääminen johdattaa ihmistä väärään uskontoon ja epäjumalan palvontaan. He muuttavat katoamattoman Jumalan kirkkauden kuvan kaltaiseksi. Ihmiset palvovat kaikenlaisia kuvia. Jopa kuolleessa kristinuskossa ihmiset palvovat kultaisia ristejä, kuvia Jeesuksesta ja kaikenlaisia pyhiä jäännöksiä. He väittävät, että se auttaa heidän palvontaansa, mutta tämä on pelkkää pakanallista epäjumalan palvontaa. He muuttavat katoamattoman Jumalan kirkkauden kuvan kaltaiseksi. Rituaalinen uskonto asettaa suuren arvon symboleihin, pyhiin päiviin ja mystisiin loitsusanoihin. Kaikki sellainen uskonto on joutunut harhaan ja on itseasiassa olennaisesti epäjumalan palvontaa. Vaikka he käyttävät Kristuksen nimeä ja kumartuvat ristin edessä, se on vain taikauskoa ja epäjumalan palvontaa.

Ihmisellä on luonnollinen tarve palvoa. Kun hän hylkää aidon Jumalan, hän palvoo omia jumaliaan, joista hän pitää enemmän. Ei ihme, että toinen käsky kieltää kuvien käytön Jumalan palvonnassa: "Älä tee itsellesi jumalankuvaa äläkä mitään kuvaa, älä niistä, jotka ovat ylhäällä taivaassa, älä niistä, jotka ovat alhaalla maan päällä, äläkä niistä, jotka ovat vesissä maan alla. Älä kumarra niitä äläkä palvele niitä. Sillä minä, Herra, sinun

Jumalasi, olen kiivas Jumala..." (2 Moos 20:4-5).

Ensimmäinen, jota ihminen kumartaa, on hän itse: Ja ovat katoamattoman Jumalan kirkkauden muuttaneet katoavaisen ihmisen... kuvan kaltaiseksi (j. 23). Useimmat inhimilliset filosofiat tekevät ihmisen Jumalan kaltaiseksi ja antavat hänelle enemmän kunniaa kuin hän ansaitsee. Evoluutioteoria on enimmäkseen maailmankatsomus. Se opettaa, että ihminen tulee kaiken aikaa yhä paremmaksi. Humanismi opettaa, että ihminen yksin kykenee ratkaisemaan kaikki ongelmat omalla järjellään ilman mitään yliluonnollista apua. Kaikki yhteiskunnat kumartavat suuria ihmisiä enemmän kuin niiden pitäisi ja antavat heille kunniaa, joka kuuluu yksin Jumalalle.

Kaikkein alhaisin epäjumalanpalvonta on palvoa lintuja ja nelijalkaisia ja matelevaisia (j. 23). Ihmisen hengellinen pimeys lopulta johdattaa hänet tälle tasolle. Saattaa kuulostaa kummalliselta meistä, mutta miljoonat ihmiset maailmassa palvovat lintujen, eläinten ja matelijoiden veistoksia. Kun ihminen hylkää Jumalan, hän turhistuu ajatuksiltaan ja hänen palvontansa etenee yhä alaspäin.

Saatana on tämän maailman jumala, ja hän sokaisee jumalattomien ihmisten mielet. Kaikki harhaan joutunut palvonta on oikeastaan Saatanan ja riivaajien palvontaa. "Mitä pakanat uhraavat, sen he uhraavat riivaajille eivätkä Jumalalle" (1 Kor 10:20). Jokaisen epäjumalan takana on riivaaja. Riivaajat käyttävät ihmisen aidon Jumalan tahallista hylkäämistä hyväkseen. Niillä on yliluonnollista voimaa. He suorittavat juuri sen verran taikoja, mitä tarvitaan pitämään epäjumalanpalvoja uskossaan.

Sinä saatat sanoa itsellesi: "En minä ole niin paha. En minä palvo epäjumalia." Kuitenkin epäjumalan palvonta alkaa mielessä aina, kun ihminen muuttaa tai väärentää Jumalan joksikin, mitä Hän ei todella ole. Jokaisen ihmisen epäjumala on se, mitä hän sydämessään rakastaa eniten. Nykyihmisen kaikkein yleisimmät epäjumalat ovat varallisuus, mielihyvä, seksi, urheilu, koulutus, menestys ja valta. Me näemme ihmisten palvovan niitä taipumattoman uskollisesti. Mitä tahansa sinä hyväksyt Jumalan sijaan, se on sinun epäjumalasi. Sen lisäksi aina, kun hylkäät Jumalan, sinun arvosi turmeltuvat. Epäjumalat lupaavat onnellisuutta, mutta tuovat häpeää.

Ainoa ihminen, joka todella voi elää oikein on se, joka asettaa Jumalan ensimmäiseksi elämässään. Kun Jumalan tahto on sinun elämäsi tavoite, sitten kaikki muukin järjestyy. Päätös asettaa Jumala ensimmäiseksi sinun elämässäsi alkaa nöyrästä mielestä Jeesuksen ristin juuressa. Pane pois epäjumalasi, olivat ne mitä hyvänsä! Mene Jumalan tykö nöyryydessä, niin Hän pelastaa sinut ja ohjaa sinua oikeaan suuntaan.

6.

MAAILMANKAIKKEUDEN ALKU

1 Moos. 1:1-5

"Alussa loi Jumala taivaan ja maan" (jae 1). Tämä on Raamatun peruskirjan perusjae. Tämä yksi lyhyt lause selittää maailmankaikkeuden synnyn. Maailmankaikkeus on katkeamaton ajan, tilan ja aineen jana. Nämä kaikki on mainittu tässä lyhyessä jakeessa. "Alussa" on ajan alku. "Loi Jumala taivaan." Tämä on tila. "Ja maan." Tämä on aine. Ennen tätä ei ollut mitään aikaa, ei mitään tilaa, ei mitään ainetta. Oli vain Jumala. Tämä yksi lyhyt jae selittää maailmankaikkeuden alun.

"Alussa loi Jumala taivaan ja maan. Ja maa oli autio ja tyhjä, ja pimeys oli syvyyden päällä, ja Jumalan Henki liikkui vetten päällä. Ja Jumala sanoi: "Tulkoon valkeus". Ja valkeus tuli. Ja Jumala näki, että valkeus oli hyvä; ja Jumala erotti valkeuden pimeydestä. Ja Jumala kutsui valkeuden päiväksi, ja pimeyden hän kutsui yöksi. Ja tuli ehtoo, ja tuli aamu, ensimmäinen päivä." (1 Moos. 1:1-5)

Joskus ihminen tulee filosofiseksi ja kysyy: "Mistä Jumala sitten tuli?" Jumala on aina ollut olemassa. Hänellä ei ole alkua eikä loppua. Hän on ikuinen ja itsessään olemassa. Tämä venyttää mielemme äärirajoilleen. Me emme koskaan pystyy ymmärtämään Jumalaa täysin, koska me olemme rajallisia, mutta Hän on rajaton.

Raamattu ei koskaan yritä todistaa Jumalan olemassaoloa. Se vain sanoo: "Alussa loi Jumala." Jumalan olemassaolo on itsestään selvä. "Taivaat julistavat Jumalan kunniaa, taivaanvahvuus ilmoittaa hänen kättensä tekoja" (Ps 19:2). Se tosiasia, että maailma on olemassa, näyttää toteen, että Jumala on olemassa. Ainoastaan hullu kieltäisi tämän. "Hullu sanoo sydämessänsä: 'Ei ole Jumalaa'" (Ps 14:1). Tieto Jumalan olemassaolosta on pantu meidän omiintuntoihimme. Kaikkialla ihmiset tietävät, että Jumala loi maailman. Tämä on perustieto jokaiselle. Jopa lapset voivat ymmärtää tämän. Tyhmyyden huippu on kuulla ihmisen sanovan: "Minä uskon Jumalaan" ikään kuin se olisi jotain suurta. Tietysti sinä uskot Jumalaan! Sehän on normaalia. Uskominen Jumalaan ei tee sinua kristityksi. Jopa demonit uskovat Jumalaan ja vapisevat. "Sinä uskot, että Jumala on yksi. Siinä teet oikein; riivajatkin sen uskovat ja vapisevat" (Jaak 2:19).

Heprealainen sana Jumalalle on "Elohim." Se on yleinen sana Jumalalle Vanhassa testamentissa. Sana on monikkomuodossa. Se voitaisiin kääntää "jumalat." Vaikka tämä sana itsessään ei todista, että Jumala on kolminaisuus, niin on se luonnollinen johtopäätös Uuden testamentin valossa. Hän loi kaiken kolmessa osassa: aika, tila ja aine. Itse asiassa jokainen niistä taas koostuu kolmesta osasta. Aika sisältää menneisyyden, nykyisyyden ja tulevaisuuden. Tila koostuu pituudesta, korkeudesta ja syvyydestä. Aine on kaasua, nestettä ja kiinteää ainetta. Jumalan luonne heijastuu Hänen luomistyössään. Koko maailmankaikkeus on rakenteellinen kolminaisuus. Esimerkiksi tila ei ole osaksi pituutta, osaksi korkeutta ja osaksi syvyyttä. Se on erottamaton kooste kaikista kolmesta. Jos mikä tahansa näistä ulottuvuuksista otettaisiin pois, ei tilaa enää olisi. Samoin meidän koko aika-tila-aine-maailmankaikkeutemme tarvitsee niitä kaikkia. On vain järkevää, että Jumalakin on Isä, Poika ja Pyhä Henki, kuten opimme myöhemmin Uudessa testamentissa.

"Alussa loi Jumala taivaan ja maan." Tätä ennen ei ollut mitään. Ei ollut valoa, ei maailmankaikkeutta, ei avaruutta, ei tähtiä, ei aikaa - ei mitään! Ei mitään paitsi Jumala. Sitten Jumala kutsui maailmankaikkeuden olemassaoloon. Hebrealainen sana "luoda" (bara) tarkoittaa 'luoda tyhjyydestä.' Jumala kaikkivoipana puhui ja maailmankaikkeus ilmestyi. Tämä on perustotuus, jonka me hyväksymme. "Uskon kautta me ymmärrämme, että maailma on rakennettu Jumalan sanalla, niin että se, mikä nähdään, ei ole syntynyt näkyväisestä" (Heb 11:3).

Tietenkin tämä vaatii uskoa, mutta se on järkevää uskoa. Jos ihminen ei usko ikuiseen Jumalaan, ainoa vaihtoehto on uskoa ikuiseen aineeseen. Kehitysoppi tuli suosituksi teoriaksi, ei sen tähden, että se on tieteellinen - sitä ei voi tukea tieteellisesti - vaan sen tähden, että se tarjosi vaihtoehdon Jumalaan uskomisen sijaan. Teoria siitä, että kaikki kehittyi satunnaisesti hiukkasista, vapauttaa ihmisen velvollisuudestaan ikuiselle henkilökohtaiselle Jumalalle. Kehitysoppi vapauttaa ihmisen kaikista moraalisista mittapuista. Ihmiset, jotka tekevät syntiä, eivät tahdo tehdä tiliä pyhälle Jumalalle, ja niin he keksivät tällaisen teorian mielessään. Ikuinen aine ei sentään tuomitse ihmisiä synneistään. Heidän teoriansa silti antaa aineelle jonkinlaisen yliluonnollisen älyn järjestäytyä hengittäviksi, ajatteleviksi ihmisiksi miljardien vuosien kuluessa. Evoluutioteoria on ensisijaisesti filosofia. Evoluutioteoria ja kaikki muut ihmisten keksimät filosofiat ovat asetetut suoranaisesti vastustamaan persoonallista ja yliluonnollista Jumalaa. Jos sinä uskot kehitysoppiin, niin sinulla on enemmän uskoa kuin minulla. Kehitysoppi on vastoin kaikkia luonnon lakeja ja tervettä järkeä. Minusta on paljon helpompi uskoa Jumalaan.

Seuraava kysymys on "koska?" Koska Jumala loi maailmankaikkeuden? Kuinka vanha maailma on? James Ussher (1581-1656) käytti Raamatun sukutauluja ja laski luomisen tapahtuneen vuonna 4004 eKr. Joidenkin mielestä tämä on naurettavaa, koska kehitysopilliset tiedemiehet väittävät maailman olevan miljardeja vuosia vanha. On myönnettävä, että sukutauluissa on aukkoja, mutta on naurettavaa sijoittaa luominen aikaan 3 miljardia vuotta ennen Kristusta pilkkaamatta Raamatun sukutauluja. Kukaan ei uskonut maailman olevan 3 miljardia vuotta vanha, ennen kuin evoluutioteoria tuli suosituksi. Se yritti löytää sijan niin sanotuille "geologisille aikakausille." Kuviteltiin tarvittavan miljardeja vuosia, jotta elottomat hiukkaset kehittyisivät eläviksi, mutta jopa miljardit vuodet eivät riitä siihen. Järkevämmin voimme sijoittaa luomisen noin 6,000 tai 10,000 vuotta sitten, ja voimme tällöin helposti ottaa huomioon kaikki tunnetut tieteelliset ja raamatulliset todistusaineistot. Emme voi olla täysin tarkkoja, mutta kysessä on tuhansia vuosia, ei suinkaan miljoonia tai miljardeja vuosia.

Seuraava jae näyttää, millainen maailma oli heti sen jälkeen, kun Jumala puhumalla sen loi. "Ja maa oli autio ja tyhjä, ja pimeys oli syvyyden päällä, ja Jumalan Henki liikkui vetten päällä" (j. 2). En näe mitään aukkoa ensimmäisen ja toisen jakeen välissä. Jotkut ovat yrittäneet laittaa miljoonia vuosia ensimmäisen ja toisen jakeen väliin selittääkseen geologiset aikakaudet, mutta tämä vääristää tekstin luonnollista tulkitsemista. On paljon parempi vain ymmärtää jae kaksi selityksenä keskeneräisestä maasta. Se oli muodoton ja asumaton. Se oli vain iso pallo sekalaista ainetta.

"Pimeys oli syvyyden päällä." Ei ollut vielä valtameriä. Kaikki oli pimeää järjestäytymättömien hiukkasten sekoitusta. Ei ollut mitään tasaisia pintoja eikä minkäänlaisia muotoja. Painovoiman ja liikkeen lait eivät vielä vaikuttaneet. Ei ollut mitään liikettä. Maa oli liikkumaton ja pimeä. "Ja Jumalan Henki liikkui vetten päällä." Tämä sana "liikkui" (rakaf) on mielenkiintoinen sana hepreaksi. Se tarkoittaa hautomista niin kuin emolintu hautoo muniaan. Tieteellisesti me sanoisimme Jumalan Hengen värähdelleen maan yllä antaakseen sille energiaa tai ladatakseen sen. Tänään tiedetään, että atomin ytimessä on suuria voimia. Esimerkiksi ydinvoimala antaa valtavasti energiaa. Jumalan Henki antoi energian aineelle. Hän sai aineen liikkumaan.

Sitten Jumala puhuu. "Ja Jumala sanoi: 'tulkoon valkeus'. Ja valkeus tuli" (j. 3). Kuvaannollisesti puhuen Jumalan Sana tuo valoa pimentyneisiin sieluihin. Kuitenkin tässä puhutaan fyysisestä valkeudesta. Valkoinen valo sisältää kaikki sähkömagneettisen spektrin valoaallot. Kaikki sateenkaaren värit voidaan erottaa valkoisesta valosta. Jumala vapautti kaikki valkeuden voimat. Jumala on kaiken valon lähde.

Valkeus oli kaunis, sillä me luemme: "Ja Jumala näki, että valkeus oli hyvä" (j. 4a). Kaikki, mitä Jumala loi, oli hyvää. Hän ei voinut luoda pahaa. "Ja Jumala erotti valkeuden pimeydestä. Ja Jumala kutsui valkeuden päiväksi, ja pimeyden hän kutsui yöksi. Ja tuli ehtoo, ja tuli aamu, ensimmäinen päivä" (j. 4b-5). Jumala loi auringon vasta neljäntenä päivänä (j. 16). Hän ilmeisesti loi määrittelemättömän valonlähteen maan toiselle puolelle tänä ensimmäisenä päivänä. Sitten hän pani maan pyörimään avaruudessa saadakseen aikaan päivästä ja yöstä koostuvan vuorokauden.

Ensimmäisenä päivänä kaikki maailman

perusaineet luotiin tyhjyydestä. Aineeseen oli pantu energiaa. Maan vetovoima, valoaallot ja lämpöaallot pantiin toimintaan. Oli vielä paljon tekemättä, mutta perusaineet olivat paikoillaan. Luomisen ensimmäisen päivän tehtävät oli tehty loppuun. "Ja tuli ehtoo, ja tuli aamu, ensimmäinen päivä." Ilmeisesti tämä oli kirjaimellinen 24-tuntinen vuorokausi. Tämä sama lause toistuu jokaisen luomispäivän jälkeen. Ei ole mitään syytä vääntää näitä vuorokausia pitkäksi aikakaudeksi. Raamattu on tulkittava luonnollisessa yhteydessään. Rauhallinen lukeminen tämän luvun läpi näyttää, että se sujuu mutkattomasti ja luonnollisesti. Ei ole syytä ymmärtää sitä muilla tavoin. Me emme saa tehdä siitä vertauskuvaa. Meidän ei edes tarvitse "tulkita" sitä jollakin symbolisella tavalla. Tässä ei ole mitään syvää mysteeristä merkitystä. Jumala yksinkertaisesti kertoo meille, kuinka Hän loi maailmankaikkeuden.

Tämä on niin yksinkertaista, että lapsi voi ymmärtää sen, mutta silti jotkut viisaat ja koulutetut ihmiset eivät sitä ymmärrä. He eivät suostu ymmärtämään sitä, koska sillä on moraalisia vaikutuksia. Jos he hyväksyvät sen tosiasian, että kaikkiviisas ja kaikkivoipa Jumala loi maailman, sitten heidän täytyy myös myöntää, että heidän täytyy tehdä tili Hänelle synneistään. Synti estää ihmisiä uskomasta luomisen yksinkertaiseen totuuteen. Luomista ei tarvitse todistaa tieteellisesti. Luominen on ilmiselvä jokaiselle rehelliselle ihmiselle. Ongelma on itse synti ihmisen sydämessä. Kun synnin ongelma on kerran tunnustettu ja ratkaistu, luominen hyväksytään luonnollisesti.

7.

EVANKELIUMIN HYVÄ UUTINEN
Roomalaiskirje 1:1

Evankeliumi tarkoittaa hyvää uutista. Kirje roomalaisille käsittelee hyvää uutista Jeesuksesta Kristuksesta. *"Paavali, Jeesuksen Kristuksen palvelija, kutsuttu apostoli, erotettu julistamaan Jumalan evankeliumia"* (jae 1). Jeesuksen Kristuksen evankeliumi on hyvä uutinen syntisille.

Evankeliumin hyvä uutinen on hyvä ainoastaan silloin, kun ihminen myöntää huonot uutiset synnistä. Synti merkitsee suurta tuhoa ihmiselle. Synti on vaikuttanut jokaiseen. Se tekee meistä perusteellisen itsekkäitä, ylpeitä ja haluttomia etsimään Jumalaa. Synti ilmestyy meissä eri tavoin. Suurin osa synnistä jää juuri pinnan alle. Me olemme oppineet peittämään sen hyvin taitavasti. Mutta jokainen rehellinen ihminen tunnustaa, että hänessä on vastustamaton voima, joka saa hänet olemaan itsekäs ja kulkemaan omaa tietään eikä Jumalan tietä. Seuratessaan omia itsekkäitä teitään ihmiset yleensä loukkaavat ystäviään ja jättävät velvollisuudet lähimmäisiään kohtaan tekemättä.

Ihmisillä kaikkialla on tyydyttämätön halu

syntiin. Se esiintyy eri muotoina kuten himo vaurauteen, seksiin, maineeseen tai vallan saavuttamiseen. Jos ihminen lähtee ajamaan niitä takaa kenenkään estämättä, ne voivat olla hyvin tuhoisia. Yhteiskunnassa täytyy olla lakeja, sillä ihminen on olennaisesti epärehellinen. Silti nykyistä yhteiskuntaa vaivaavat alkoholismi, avioerot ja rikokset. Koko yhteiskunta kärsii, koska ihmiset ovat itsekkäitä. Itsekkyys saattaa hyvin olla valepuvussa, ja sitä kutsutaan vapaudeksi tai oikeudeksi, mutta loppujen lopuksi se on yksinkertaisesti ihmisen aito luonto, joka näyttäytyy paljaana. Ihminen on pohjimmiltaan paha. Syntiset uhraisivat kaiken, myös henkilökohtaiset suhteet, tyydyttääkseen halujaan.

Synnin luonnollinen seuraus on syyllisyys, joka on toinen huono uutinen. Samoin kuin kipu kertoo keholle, että jotain on fyysisesti vialla, syyllisyys kertoo ihmiselle, että jotain on vialla moraalisesti. Syyllisyyttä ei voi välttää. Huolimatta siitä, kuinka tehokkaasti ihminen yrittää puolustaa syntiänsä, hän tuntee syyllisyyttä. Mitä suurempi synti, sitä suurempi syyllisyys. Jos syyllisyys jätetään huomiotta, se saa aikaan painetta, huolia, pelkoa, unettomuutta ja jopa terveyden vaarantumisen. Joskus ihmiset yrittävät poistaa syyllisyytensä alkoholilla tai huumeilla tai syyttämällä toisia. Mutta tämä ei auta. Se vain pahentaa syyllisyyttä ja suurentaa painetta.

Jos ihminen vapautuu ajamaan takaa himojansa, hän ei koskaan tyydyty. Synnin palkka on lisää syntiä. Synti johtaa syyllisyyteen. Liika syyllisyys ja huoli johtavat turhuuden ja itsetuhon tunteisiin. Ihminen on saatu ansaan omalla tyytyväisyyden etsinnällään. Ennemmin tai myöhemmin hän tulee siihen johtopäätökseen, että elämä on turhaa. Tämä merkitsee lisää huonoja uutisia. Ihmiset, jotka ovat vaeltaneet synnin polulla pitkään, kokevat elämänsä usein hyödyttömäksi ja turhanpäiväiseksi.

Lopuksi ihminen kohtaa lopullisen huonon uutisen, itse kuoleman. Ainoa, mikä estää jotkut ihmiset tekemästä itsemurhaa, on syvä epäily siitä, että kuolema ei merkitse loppua. Haudan takana on lisää huonoja uutisia. Niinpä he joutuvat kärsimään elämällä turhuudessa ja hyödyttömyydessä, sillä ei edes kuolema lopeta kärsimystä. Synnin huonot uutiset ovat todella hyvin, hyvin huonot.

Paavalin kirjeessä roomalaisille on olennaisinta se, että on olemassa hyvä uutinen, joka on todella hyvä. Hän kertoo evankeliumissa siitä, että Jeesuksessa Kristuksessa ihminen pääsee eroon itsekkyydestään ja saa anteeksiannon synneistään. Kristuksessa ihminen voittaa syyllisyyden ja saa elämän, joka on hyödyllinen ja tarkoituksellinen. Hänen ei tarvitse pelätä kuolemaa, vaan hänellä voi olla ikuisen kirkkauden toivo.

Paavali kertoo meille kolme tärkeää asiaa itsestään. Ensinnä sen, että hän oli Jeesuksen Kristuksen palvelija (doulos). Tämä sana tarkoittaa yksinkertaisesti orjaa. Miljoona ihmistä asui Roomassa, ja suurin osa heistä oli orjia. Rooman valtakunnassa oli noin kolme miljoonaa orjaa. Jotkut heistä olivat koulutettuja ja palvelivat suhteellisen korkeassa asemassa, mutta useimmat olivat pakotettuja ruumiilliseen työhön. Roomalaisorjat joutuivat tekemään halpa-arvoista työtä koko elämänsä. Heitä kohdeltiin vain vähän paremmin kuin kotieläimiä. Orjia ostettiin ja myytiin niin kuin mitä tahansa muuta henkilökohtaista omaisuutta, ja heillä oli tuskin mitään oikeuksia. Orjanomistaja saattoi jopa tappaa orjan, jos orja ei miellyttänyt häntä.

Heprealaisen tavan mukaan orjia kunnioitettiin enemmän, mutta orjan asema oli kuitenkin hyvin alhainen. Heprealainen saattoi myydä itsensä orjuuteen tietyksi ajaksi maksaakseen velan. Heprealaisen orjanomistajan täytyi kohdella orjaansa kunniallisesti.

Orjan urakan lopussa orja saattoi jäädä isännän palvelukseen. Jos orjalla oli lempeä isäntä, joka rakasti orjaansa, saattoi orja jäädä elinikäiseen palvelukseen (2 Moos 21:5-6).

Orjuus saattaa kuulostaa hyvin halpa-arvoiselta, ja sitä se hyvinkin usein oli. Mutta jokainen ihminen on jonkun tai jonkin orja. Ihminen joko palvelee syntiä ja omia himojaan tai hän palvelee Jumalaa. Synti on ankara orjapiiskuri, mutta Jeesus on lempeä. Paavali oli suostunut olemaan Jeesuksen Kristuksen orja. Hän valitsi sen, ei pelon, vaan rakkauden takia.

Seuraavaksi Paavali sanoo olevansa kutsuttu apostoli. Sana apostoli tarkoittaa ihmistä, joka on lähetetty viestintuojaksi tai lähettilääksi. Yleisesti se voi viitata jokaiseen uskovaan, koska me olemme kaikki lähetetty maailmaan Jeesuksen todistajina. Mutta ensisijaisesti sana apostoli viittaa niihin kolmeentoista mieheen, jotka Jeesus kutsui ja valtuutti johtamaan varhaisseurakuntaa. Apostoliuden edellytyksenä oli se, että Jeesus oli kutsunut hänet suullisesti tehtäväänsä ja että hän oli nähnyt Jeesuksen ylösnousemuksen jälkeen (Apt 1:21-22). Jeesus ilmestyi Paavalille Damaskon tiellä ja kutsui hänet apostolin tehtäviin.

Apostolit olivat seurakunnan perustus (Efes 2:20). Heille annettiin lahjat ja kyvyt suorittaa ihmeitä ja vastaanottaa suoria ilmestyksiä. Apostolilla oli valta opettaa evankeliumia suurseurakunnalle. He olivat Jumalan edustajia, ja heidän sanansa oli lopullinen. Nyt meillä on Uusi testamentti kirjoitettuna. Kellään ei ole nykyään apostolin valtaa. Apostolin virka on lakannut, myös siihen liittyvät lahjat (2 Kor 12:12). Uusi testamentti on meidän korkein arvovaltamme.

Paavali kutsuttiin apostolin virkaan. Hän oli juutalainen, jolla oli Rooman kansalaisuus. Hän oli korkeasti koulutettu fariseuksien kouluissa. Hän oli korkeasti motivoitunut ja antautunut hengelliseen palvelukseen. Hän osasi hepreaa ja kreikkaa sujuvasti. Jumala pelasti hänet ja muutti hänet kristittyjen vainoojasta kristinuskon puheenjohtajaksi. Paavali ei itse valinnut apostolin virkaa. Jumala kutsui hänet. Jos hänet olisi jätetty omiin oloihinsa, hän olisi vainonnut kristittyjä kuolemaansa saakka. Mutta Jumala tuli väliin ja kutsui hänet palvelemaan. Jumala käytti Paavalia kirjoittamaan peräti kolmetoista kirjettä Uuteen testamenttiin.

Paavali oli myös erotettu. Kristillinen palvelus vaatii erottamista tämän maailman arvoista ja tavoitteista evankeliumin palvelukseen. Ei kukaan voi palvella kahta herraa; sillä hän on joko tätä vihaava ja toista rakastava, taikka tähän liittyvä ja toista halveksiva. Ette voi palvella Jumalaa ja mammonaa, sanoi Jeesus (Matt 6:24). Tehokas kristillinen palvelus vaatii täydellistä antautumista Jumalalle. Paavali jätti maalliset tavoitteet taakseen. Hän piti entisen elämänsä tavoitteita roskana voittaakseen Kristuksen omakseen (Fil 3:8).

Kun olin nuorempi, minä olin hyvin aktiivinen urheilija. Minä kulutin paljon aikaa ja rahaa yrittäen parantaa suorituksiani. Minun tavoitteeni oli hiihtää olympialaisissa. Kun tulin kristityksi, minun täytyi harkita arvojani uudestaan. Urheilu sinänsä ei ole synti. Minä nautin urheilusta edelleenkin vapaa-aikanani, mutta se ei ole niin tärkeää minulle enää. Ihmisen, joka todella tuntee Kristuksen ja tahtoo elää Hänen kunniakseen, täytyy erottautua asioista, jotka eivät ole merkittäviä ikuisuudessa.

Paavali oli erotettu julistamaan Jumalan evankeliumia. Sana evankeliumi 'euangelion' tai 'hyvä uutinen' oli yleinen sana roomalaisille. Rooman keisarit pitivät itseään jumalina ja vaativat palvontaa jokaiselta valtakunnassa. Myöhemmin kristityt olisivat voineet välttää vainoa, jos he vain olisivat sanoneet: Keisari on herra. Monet kristityt heitettiin areenalle jalopeurain kanssa, koska he eivät lausuneet sitä. Jeesus on Herra. Keisari ei ole herra.

Aina, kun keisari halusi julistaa jonkin myönteisen uutisen valtakunnalle, hän lähetti sanansaattajat kaupunkien torille julistamaan sen. Sanansaattaja juoksi huutaen: Hyvä uutinen (kirj. euangelion = evankeliumi), keisarin vaimo on synnyttänyt poikalapsen. Tai: Hyvä uutinen, keisarin poika on tullut täysi-ikäiseksi. Tai: Hyvä uutinen, uusi keisari on noussut valtaistuimelle.

Paavali sanoi: Minulla on hyvä uutinen teille, mutta se ei ole keisarilta vaan Jumalalta. Jumalan hyvä uutinen on paljon parempi kuin mikä tahansa muu hyvä uutinen. Kristuksen evankeliumi, kun se ymmärretään ja otetaan vastaan henkilökohtaisesti, vapauttaa ihmisen synnin kiroavasta voimasta. Maailma menee pahasta pahempaan. Ihmiskunta kulkeutuu pahuuden tulvan mukana. Joskus ihmiset huomaavat synnin voiman, mutta he ovat voimattomia vastustamaan sitä. Jeesuksen Kristuksen kuolema ristillä maksoi synnin hinnan. Ne, jotka asettavat toivonsa Jeesuksen sovittavaan vereen, saavat anteeksiannon. Jeesuksen veri ei vain anna anteeksi menneisyyden syntejä vaan myös kaikki tulevaisuudenkin synnit. Se myös muuttaa ihmisen olennaisen luonnon niin, että hän ei enää halua jatkaa synnintekemistä. Hänet vapautetaan synnin orjuudesta.

Jeesuksen Kristuksen hyvä uutinen pelastaa elämän. Ihmiset, jotka kerran palvelivat syntiä ja elivät epätoivon tienoilla, pelastuvat välittömästi ja pysyvästi uskomalla hyvän uutisen. He kokevat puhdistumisen ja vapautuksen synnistä. Heille annetaan tarkoitus elämälle. Heillä on iankaikkisen kirkkauden toivo. Jokainen uskova voi todistaa, että asia on näin. Paavali itse oli hyvä esimerkki. Jumala muutti hänet kristittyjen vainoojasta seurakunnan johtavaksi apostoliksi. Hänen elämänsä oli pysyvästi muuttunut. Paavalin kirje roomalaisille puhuu tästä hyvästä uutisesta. Sillä synnin palkka on kuolema, mutta Jumalan armolahja on iankaikkinen elämä Kristuksessa Jeesuksessa, meidän Herrassamme (Room 6:23).

8.

EVANKELIUMIN PÄÄHENKILÖ
Roomalaiskirje 1:2-4

Evankeliumin hyvä uutinen on sidottu henkilöön, Herraan Jeesukseen Kristukseen. Evankeliumi on hyvä uutinen Jeesuksesta: kuka Hän on, mitä Hän teki ja kuinka Hän muuttaa ihmisten elämän. Paavali oli Hänen palvelijansa ja erotettu Hänen evankeliumilleen. Paavali ei koskaan ylentänyt itseään tai ottanut kunniaa itselleen. Hän aina ylensi Kristusta. Kristuksen evankeliumi vapauttaa ihmiset kunnianhimosta.

Ennen kuin Paavali kertoo meille tarkemmin Jeesuksesta, hän haluaa meidän ymmärtävän, että evankeliumi oli Jumalan suunnitelma alusta asti. Evankeliumi on se, jonka Jumala on edeltä luvannut profeettainsa kautta pyhissä kirjoituksissa (jae 2). Kristuksen evankeliumi ei ollut varasuunnitelma, joka Jumalan täytyi ottaa käyttöön, koska Israel epäonnistui lain pitämisessä. Jumala ei koskaan joutunut siirtymään varasuunnitelmaan. Hän oli luvannut jo Vanhassa testamentissa, että Kristus tulisi ja kuolisi. Jumala käytti Vanhan testamentin profeettoja kirjoittamaan hyvästä uutisesta satoja vuosia ennen Jeesuksen syntymistä. Hyvä uutinen oli hyvä, mutta se ei ollut uusi. Se oli ollut Jumalan suunnitelma koko ajan.

Jokainen heprealainen profeetta kertoi tulevasta Kristuksesta joko suorasti tai epäsuorasti. Jokainen alttarille tuotu uhrikaritsa kuvasi Jumalan Karitsaa, joka tulisi ja uhraisi itsensä maailman syntien edestä. Jesaja puhui Hänestä usein. Hän kirjoitti näin: "Katso, neitsyt tulee raskaaksi ja synnyttää pojan ja antaa hänelle nimen Immanuel" (Jes 7:14). "Sillä lapsi on meille syntynyt, poika on meille annettu, jonka hartioilla on herraus..." (Jes 9:5). Jesajan luku 53 puhuu Messiaan kärsimyksistä, samoin Psalmi 22.

Israelin olisi pitänyt tietää, mutta he eivät tienneet. Siihen aikaan, kun Jeesus tuli, useimmat juutalaiset pitivät pyhiä Kirjoituksia enemmän uskonnollisena muistoesineenä kuin Jumalan totuuden lähteenä. Rabbien opetus oli heille tärkeämpi kuin Jumalan Sana. Heidät oli johdettu harhaan ihmisten opetuksella. Tämän takia Jeesus usein aloitti opetuksen sanomalla seuraavasti: "Te olette kuulleet sanotuksi... Mutta minä sanon teille..." Jeesus ei koskaan opettanut ristiriidassa pyhien Kirjoituksien kanssa, mutta usein Hänen opetuksensa olivat ristiriidassa rabbien perinteiden kanssa. Juuri tämä sai juutalaiset johtajat vastustamaan Häntä niin jyrkästi. Tähän päivään saakka useimmat juutalaiset hylkäävät Kristuksen evankeliumin. He väittävät, että se on ristiriidassa Jumalan heille antaman lain kanssa. Itse asiassa evankeliumi ei ole ristiriidassa Jumalan lain kanssa, vaan se täyttää sen. Kristuksen evankeliumi oli Vanhassa testamentissa koko ajan.

Nyt me tulemme evankeliumin päähenkilöön. Hyvä uutinen on hänen Pojastansa, joka lihan puolesta on syntynyt Daavidin siemenestä ja pyhyyden hengen puolesta kuolleistanousemisen kautta asetettu Jumalan

Pojaksi voimassa, Jeesuksesta Kristuksesta, meidän Herrastamme (j. 3-4). Jeesusta kutsutaan "Jumalan Pojaksi." Nimi, jota Hän käytti useimmiten itsestään evankeliumissa oli "Ihmisen Poika."

Jeesus tuli lihaksi, kun Hän otti ihmisyyden ja syntyi maailmaan. Johanneksen evankeliumi alkaa näillä sanoilla: "Alussa oli Sana... ja Sana oli Jumala" (Joh 1:1). "Ja Sana tuli lihaksi ja asui meidän keskellämme..." (1:14). Tämä puhuu selvästi Jeesuksesta, ja kutsuu Häntä Jumalaksi. Vakava harhaoppi jota on vältettävä on ajatus, että Jeesus Jumalan Poikana on jotain vähemmän kuin Jumala. Kultit lankeavat tähän virheeseen. He ottavat sanan "Poika" ja vääntävät sen niin, että se tarkoittaa jotakin alempaa kuin Jumala. Jeesus, Poikana, on yhtä paljon Jumala kuin Isä Jumala.

Kun Poika tuli lihaksi, Hänen täytyi alentaa itsensä ihmisen tasolle, jotta Hän voisi kuolla meidän syntiemme edestä. Tämä asetti täydellisen esimerkin nöyryydestä. Jumala tuli alas valtaistuimeltaan asumaan ihmisten kanssa ja kuolemaan ristillä. "Olkoon teillä se mieli, joka myös Kristuksella Jeesuksella oli, joka ei, vaikka hänellä olikin Jumalan muoto, katsonut saaliiksensa olla Jumalan kaltainen, vaan tyhjensi itsensä ja otti orjan muodon, tuli ihmisten kaltaiseksi, ja hänet havaittiin olennaltaan sellaiseksi kuin ihminen; hän nöyryytti itsensä ja oli kuuliainen kuolemaan asti, hamaan ristin kuolemaan asti" (Fil 2:5-8).

"Lihan puolesta [Jeesus] on syntynyt Daavidin siemenestä"(j. 3). Jotta ennustukset täyttyisivät, Messiaan täytyi olla Daavidin suvusta (2 Sam 7:12-13). Matteuksen evankeliumin ensimmäisessä luvussa Jeesuksen sukupuu on kirjoitettu talteen Aabrahamista lähtien Daavidin kautta Joosefiin saakka. Joosef ei ollut Jeesuksen luonnollinen isä vaan laillinen isä tai ottoisä. Luukkaan evankeliumissa luvussa kolme on Marian sukupuu, ja sekin yltää Daavidiin saakka. Siis sekä Jeesuksen laillinen että luonnollinen sukupuu yltävät Daavidiin. Tämä tekee Jeesuksen päteväksi Messiaana istumaan Daavidin valtaistuimelle ja lopuksi palauttamaan Daavidin valtakunnan maan päälle (Jes 9:6).

Jeesus on sekä tosi Jumala että tosi ihminen. Tämä loukkaa joitakin ihmisiä, mutta Raamatun mukaan se pitää paikkansa. Sehän on tunnetusti suuri mysteeri. Paavali viittasi Kristukseen ja kirjoitti: "Tunnustetusti suuri on jumalisuuden salaisuus: Hän, joka on ilmestynyt lihassa..." (1 Tim 3:16). Kristuksen jumaluus ei ole kirkon johtajien keksintöä. Sehän on ollut Uudessa testamentissa koko ajan. Vaikka sana "kolminaisuus" ei löydykään Raamatusta, se kommunikoi tarkasti ja oikein Jumalan kolme erillistä persoonaa, ja Heidän yhteytensä. Jumala on Isä, Poika ja Pyhä Henki.

Tässä sitten on hyvän sanoman henkilö, se ainutlaatuinen Jumala-Ihminen. Jeesuksen inhimillisyys sekä jumaluus olivat näkyvissä, kun Hän oli maan päällä. Esimerkiksi, kun Häntä vaadittiin maksamaan veroa, Hän suostui siihen. Ensin Hän selitti Pietarille, että kuninkaan lapset eivät joudu maksamaan veroja. Sitten Hän sanoi: "Mutta ettemme heitä loukkaisi, niin mene ja heitä onki järveen. Ota sitten ensiksi saamasi kala, ja kun avaat sen suun, löydät hopearahan. Ota se ja anna heille minun puolestani ja omasta puolestasi" (Matt 17:27). Jumalan Poikana ja maailman laillisena hallitsijana Hänen ei tarvinnut maksaa veroja maallisille veronkantajille. Silti, ettei Hän loukkaisi heitä, Hän maksoi verot. Kuitenkin tapa, jolla Hän sai rahat maksaakseen verot, oli todella yliluonnollinen. Se selkeästi näytti toteen Hänen jumaluutensa.

On monia esimerkkejä Jeesuksen jumaluudesta ja inhimillisyydestä rinnakkain. Kun Hän matkusti opetuslastensa kanssa Samarian kautta, Hän tuli väsyneeksi ja istui lähteen reunalle. Hän sanoi naiselle: "Anna minulle juoda" (Joh 4:7). Keskustelun edistyessä Hän katsoi naisen synnilliseen menneisyyteen ja kertoi tälle kaiken, mitä nainen oli tehnyt elämässään. Ainoastaan Jumala tietää kaiken jokaisesta ja pystyy kertomaan näin. Sitten Hän antoi naiselle "elävää vettä", ja tämä pelastui synneistään. Lihassa Jeesus oli janoinen, mutta Jumalana Hän oli kaikkitietäväinen.

Jokainen Jeesuksen suorittama ihme näytti toteen Hänen jumaluutensa. Hän oli saman näköinen kuin kuka tahansa silloinen juutalainen mies. Hänen kunniansa oli peitetty lihalla. Ihmisenä Hän kärsi kipua, mutta Jumalana Hän antoi synnit anteeksi. Riippuessaan ristillä Jeesus kävi kuolinkamppailun. Hän tunsi kivut yhtä terävästi tai enemmänkin kuin kuka tahansa ihminen. Kuitenkin Jumalana, Hän soi synnin anteeksiannon ja ikuisen pelastuksen katuvaiselle rosvolle, joka riippui viereisellä ristillä (Luuk 23:42-43).

Suurin ihme, jonka Jeesus koskaan teki, oli kuolleista nouseminen. Sen takia me luemme: "ja pyhyyden hengen puolesta kuolleistanousemisen kautta asetettu Jumalan Pojaksi voimassa, Jeesuksesta Kristuksesta, meidän Herrastamme" (j. 4). Jeesuksen ylösnousemus todisti hyvin selvästi, että Hän on Jumalan Poika. Ainoastaan Jumala itse, elämän antaja, pystyy nousemaan kuolleista. Voima, joka sai ylösnousemuksen aikaan, oli "pyhyyden henki" eli Pyhä Henki. Pyhä Henki tuli Jeesuksen päälle, kun Hänet kastettiin Jordanin joessa. Kaikki ihmeet, jotka Jeesus suoritti, tehtiin Pyhän Hengen voimalla. Jeesus siitettiin Marian kohdussa Pyhän Hengen voimalla, ja Hän eli täydessä sopusoinnussa Isän ja Pyhän Hengen kanssa, kunnes Hän palasi takaisin kunniaan.

Niinpä evankeliumin päähenkilö on Jumalan Poika, "Jeesus Kristus, meidän Herramme" (j. 4b). Jeesus oli Hänen inhimillinen nimensä. Se tarkoittaa Pelastajaa. Kristus oli Hänen tittelinsä. Se tarkoittaa Messiasta, Voideltua. Hänet voideltiin Pyhällä Hengellä. Herra tarkoittaa kaikkivaltiasta hallitsijaa. Hän on ikuinen Jumala ihmislihassa. Jeesus on tasa-arvoinen Isän ja Pyhän Hengen kanssa. Tällä hetkellä Hän istuu Jumalan valtaistuimen oikealla puolella. Jonakin päivänä, kenties pian, Hän tulee takaisin ottaakseen haltuunsa valtakunnan, joka kuuluu Hänelle.

9.

EVANKELIUMIN KANSA
Roomalaiskirje 1:5-7

Ensimmäisessä jakeessa me näimme, että evankeliumin olemus on hyvä uutinen. Jakeissa kahdesta neljään me näimme, että evankeliumin päähenkilö on Herra Jeesus Kristus. Nyt me näemme evankeliumin kansan. Evankeliumin kansa muodostuu niistä, jotka on kutsuttu. Jonka kautta me olemme saaneet armon ja apostolinviran, että syntyisi uskon kuuliaisuus hänen nimeänsä kohtaan kaikissa pakanakansoissa, joihin tekin, Jeesuksen Kristuksen kutsumat, kuulutte: kaikille Roomassa oleville Jumalan rakkaille, kutsutuille pyhille. Armo teille ja rauha Jumalalta, meidän Isältämme, ja Herralta Jeesukselta Kristukselta! (jae 7).

Evankeliumin kansaan kuuluvat ensinnäkin ne, jotka ovat saaneet pelastuksen ja palveluksen paikan. Huomaa: "Me olemme saaneet armon ja apostolinviran" (j. 5a). Armo on Jumalan suoma ansaitsematon suosio. Armo on Jumalan siunaus, jota ei voi millään ansaita. Ihminen ei anna eikä edes voi antaa mitään hyvää saadakseen armoa. Armo, josta Paavali puhuu tässä, on Jumalan armo pelastuksessa. Pelastus on kokonaan armon kautta. "Sillä armosta te olette pelastetut uskon kautta, ette itsenne kautta - se on Jumalan lahja - ette tekojen kautta, ettei kukaan kerskaisi" (Efes 2:8-9). Uskovalla ei ole syytä onnitella itseään, sillä hän ei ole antanut mitään omasta pelastuksestaan. Inhimillisillä ansioilla ei voi saavuttaa Jumalan armoa.

Pelastus ei tule kasteen kautta, ripillepääsyn kautta, seurakunnan jäsenyyden kautta, kirkossa käymisen kautta, kymmenen käskyn pitämisen kautta, hyvän elämän kautta eikä toisten palvelemisen tai edes Jumalan palvelemisen kautta. Pelastus ei myöskään tule vain uskomalla, että Jumala on olemassa ja että Jeesus on Jumalan Poika. Pelastus tulee ainoastaan silloin, kun syntinen ymmärtää, että hänen suurin tarpeensa on vastaanottaa uskon kautta Jumalan tarjoama armo Herran Jeesuksen Kristuksen sovitustyössä. Apostoli Paavali kirjoitti, että me, jotka uskomme, olemme "saaneet" armon ja apostolinviran. Me emme tehneet mitään ansaitaksemme sitä. Me olemme vain saaneet sen eli ottaneet sen vastaan.

Uskovat eivät saa ainoastaan pelastavaa armoa vaan myös palveluksen paikan. Paavalin kohdalla se oli apostolinvirka. Hän oli yksi kolmestatoista miehistä, jotka Jeesus jätti perustamaan seurakunnan, kunnes Uusi testamentti oli kirjoitettu loppuun. Paavali oli jo maininnut apostolinvirkansa ensimmäisessä jakeessa. Hän oli apostoli pakanakansoille eli ei-juutalaisille. Nykyään ei ole enää apostolinvirkaa samassa mielessä. Kreikkalainen sana apostolos kirjaimellisesti tarkoittaa "joku, joka on lähetetty." Tässä mielessä jokainen kristitty on apostoli, sillä meidät on kaikki lähetetty maailmaan Kristuksen todistajina (Apt 1:8). Mutta me emme saa uusia ilmestyksiä emmekä suorita ihmetekoja, joita ensimmäiset apostolit suorittivat (2 Kor 12:12).

Kuitenkin meidät kaikki on sijoitettu jonkinlaiseen Herran palvelukseen. Jumala ei pelastanut meitä, jotta voisimme katsella, kuinka ammattilaiset palvelevat Herraa. Jokainen Jumalan lapsi on pelastettu armon kautta ja hänelle on annettu kyky auttaa Kristuksen ruumista, eli seurakuntaa. Useimmat palvelevat vaatimattomassa asemassa. He siis tekevät työtä taustalla rohkaistakseen, antaakseen, auttaakseen ja palvellakseen, missä tahansa sitä tarvitaan. Vain muutamat opettavat ja saarnaavat virallisesti. Meillä kaikilla on rajoituksia ja puutteita, siksi me kaikki tarvitsemme toisiamme. Älä anna rajoitustesi estää itseäsi palvelemasta Herraa jollakin tavalla. Jos olet pelastunut, Jumala on tehnyt sinut kykeneväksi tekemään jotakin.

Paavali sanoo, että me olemme saaneet armon ja apostolinviran, että syntyisi uskonkuuliaisuus (j. 5). Aito usko tuottaa aina kuuliaisen elämän, aina. Usko yksin pelastaa meidät, mutta usko, joka ei tule esiin kuuliaisena elämänä ei ole pelastavaa uskoa. Aito usko ilmenee kuuliaisuutena Raamatun käskyille. Tämä on hyvin tärkeä totuus. Sitä ei saa koskaan sekoittaa hyvillä töillä ansaittuun pelastukseen. Usko ja kuuliaisuus ovat kaksi puolta samasta pelastuksen kolikosta. Ne kulkevat yhdessä. Missä tahansa on aito pelastus, siellä tulee olemaan myös kuuliaisuus. Usko tulee ensin, sitten tulee kuuliaisuus.

Kuuliaisuus tuo mukanaan alistumisen Jeesuksen Kristuksen herruuteen. Jeesus on Herra. Tämä merkitsee sitä, että Hänellä on kaikkivaltainen oikeus hallita kansaansa. Evankeliumin kansa hyväksyy Kristuksen vaatimukset elämässään. Vaikka me usein epäonnistumme ja vaikka kukaan ei ole täydellinen, silti yleinen suunta meidän elämässämme on kuuliaisuus alistumiselle. Jos se ei ole näin, sitten on syytä kysyä, oletko sinä todella kääntynyt Kristuksen puoleen? Mikä tahansa uskonto, joka väittää uskovansa Jeesukseen Kristukseen ja Hänen herruuteensa mutta ei ole kuuliainen Hänelle arkipäivän moraalisissa asioissa, on ristiriidassa raamatullisen kristinuskon kanssa. Jeesus sanoi: "Miksi te huudatte minulle: 'Herra, Herra!' ettekä tee, mitä minä sanon?" (Luuk 6:46).

Toisaalta, jos vain kutsut Jeesusta Herraksi ja teet näennäisesti tärkeää työtä Hänen nimessään, on sekin yhtä turhaa. Jeesus sanoi: "Ei jokainen, joka sanoo minulle sinä päivänä: 'Herra, Herra!', pääse taivasten valtakuntaan, vaan se, joka tekee minun taivaallisen Isäni tahdon. Moni sanoo minulle sinä päivänä: 'Herra, Herra, emmekö me sinun nimesi kautta ennustaneet ja sinun nimesi kautta ajaneet ulos riivaajia ja sinun nimesi kautta tehneet monta voimallista tekoa?' Ja silloin minä lausun heille julki: 'Minä en ole koskaan teitä tuntenut; menkää pois minun tyköäni, te laittomuuden tekijät'" (Matt 7:21-23). Pelastumattomain uskonnolliset työt ovat mitättömiä. Evankeliumin kansalaiset alistuvat Kristukselle ja tuottavat hyviä töitä, joita he ovat tehneet uskon kautta Jumalan Sanan mukaisesti ja joita Pyhä Henki ohjaa ja antaa voiman niiden suorittamiseen.

Aidon uskovan palvelus on hänen nimeänsä kohtaan (j. 5b). Evankeliumin kansan palveluksen vaikutin on kunnioittaa Jumalan nimeä. Vaikka Jumala lähetti ainokaisen Poikansa pelastamaan maailman (Joh. 3:16), pelastuksen päätarkoitus ei ollut auttaa ihmiskuntaa. Pelastuksen päätarkoituksena on kirkastaa Jumalan nimeä. Tämä totuus on aina loukannut pelastumattomia ihmisiä, sillä he eivät ymmärrä Jumalan majesteettia. Raamattu julistaa, että lopuksi: "kaikkien polvien pitää Jeesuksen nimeen notkistuman, sekä niitten, jotka taivaissa ovat, että niitten, jotka maan päällä ovat, ja niitten, jotka maan alla ovat, ja jokaisen kielen pitää tunnustaman Isän Jumalan kunniaksi, että

Jeesus Kristus on Herra" (Fil 2:10-11).

Evankeliumin kansa on "Jeesuksen Kristuksen kutsuma" (j. 6). Tämä on toinen nimitys valituille tai niille, jotka on edeltämäärätty pelastukseen ennen maailman perustamista. Oppi edeltämääräämisestä on toinen inhottava oppi tavalliselle ihmiselle. Apostoli kirjoitti seuraavasti kutsumisesta: "Sillä ne, jotka hän on edeltätuntenut, hän on myös edeltämäärännyt Poikansa kuvan kaltaisiksi, että hän olisi esikoinen monien veljien joukossa; mutta jotka hän on edeltämäärännyt, ne hän on kutsunut, ne hän on myös vanhurskauttanut; mutta jotka hän on vanhurskauttanut, ne hän on myös kirkastanut" (Room 8:29-30).Yleisessä mielessä Jumala kutsuu jokaista uskomaan Kristukseen ja pelastumaan. Jeesus sanoi: "Tulkaa minun tyköni, kaikki työtätekeväiset ja raskautetut, niin minä annan teille levon" (Matt 11:28). Kutsu on auki jokaiselle, mutta ihmisen turmelus on niin paha, ettei kukaan tule Jeesuksen tykö, ellei Jumala kutsu häntä vaikuttavalla kutsulla. Paavali viittaa tähän vaikuttavaan kutsuun, joka oli tapahtunut roomalaisten uskovien elämässä. Meidän rajoitetusta näkökulmastamme saattaa tuntua siltä, että me ensin tulimme Jumalan luo omasta tahdostamme. Kuitenkin, kun me tutkimme Raamattua, me huomaamme, että me emme voineet etsiä Jumalaa, ellei Hän olisi ensin valinnut meitä ja kutsunut meitä armollisesti oman suvereenin tahtonsa mukaan (katso myös: Joh 1:11-13; Joh 6:44,65; Room 9:11-16). Oikea ymmärrys Jumalan suvereenistä kutsusta antaa uskovalle uuden kiitollisuuden aiheen Jumalan armoa kohtaan.

Paavali kutsuu Roomassa olevia uskovia pyhiksi: "Kaikille Roomassa oleville Jumalan rakkaille, kutsutuille pyhille" (j. 7a). Kuolleessa kristinuskossa pyhä on sellainen ihminen, joka on tehnyt monta ansiokasta tekoa ja joka on ollut kuolleena kauan.

Jotkut uskonnolliset ihmiset rukoilevat pyhiä. Mutta Raamatun mukaan 'pyhä' on vain toinen nimitys kristitylle. Kaikki Roomassa olevat uskovat olivat pyhiä. Uuden testamentin seurakunnat koostuivat ainoastaan uskovista. Kuuluakseen baptistiseurakuntaan ihmisen täytyy ensin olla pelastunut. Jokainen seurakunta, joka vastaanottaa jäsenet vauvakasteen kautta, täyttyy nopeasti ei-uskovilla. Sellainen seurakunta tulee hyvin epäpuhtaaksi ja mädäksi. Itse asiassa se ei ole enää seurakunta Uuden testamentin mukaan. Sana pyhä tulee kreikkalaisesta sanasta hagios, joka merkitsee erikseen laittamista. Temppelin huonekalut olivat pyhiä, koska ne oli pantu erikseen erikoista käyttöä varten. Siellä oli liiton arkki, kultainen kynttilänjalka ja muut pyhät esineet. Maailmassa ei ole enää pyhiä esineitä. Jumalan ainoat todella pyhät esineet nykyään ovat Hänen ihmisiään. Jokainen aito kristitty on pyhä. Jumala on pannut meidät erikseen muusta ihmiskunnasta. Meidät on kutsuttu maailmasta erilleen ollaksemme erikoinen kansa Jumalalle. Me saatamme näyttää hyvin tavallisilta ihmisiltä, mutta me olemme pyhiä, ja meidän elämäntapamme pitäisi heijastaa Jumalan pyhyyttä. Käytännössä tämä merkitsee sitä, että meidän pitäisi olla erillään kaikista vääristä uskonnoista. Evankeliumin kansa on "Jumalan rakkaat, kutsutut pyhät."

Viimein apostoli tervehtii roomalaisia näillä sanoilla: "Armo teille ja rauha Jumalalta, meidän Isältämme, ja Herralta Jeesukselta Kristukselta!" (j. 7b). Ainoa kansa, joka on todella valmis vastaanottamaan armon ja rauhan siunaukset on evankeliumin kansa, Jumalan pyhät. Me olemme ainoat, jotka voimme todella kutsua Jumalaa Isäksemme. Me olemme ainoat, jotka voimme todella alistua Herralle Jeesukselle Kristukselle. Me olemme ainoat, jotka voimme todella ymmärtää ja soveltaa Raamatun suuria totuuksia.

10.

ISÄN VALITSEMAT

Efesolaiskirje 1:3-6

Asioiden tarkasteleminen ikuisuudesta käsin voi muuttaa elämämme. Palatkaamme ajassa taaksepäin aikaan ennen maailman perustamista ja tarkastelkaamme pelastusta Jumalan näkökulmasta. Tälle matkalle uskaltautuvat vain harvat. Se voi nimittäin järkyttää meitä nykyaikaisia ihmisiä. Se voi kumota joitakin pitkään vaalimiamme käsityksiä. Oletko valmis siirtymään ajassa niin kauas? Siispä valmiina, matka alkaa.

Ylistetty olkoon meidän Herramme Jeesuksen Kristuksen Jumala ja Isä, joka on siunannut meitä taivaallisissa kaikella hengellisellä siunauksella Kristuksessa, niinkuin hän ennen maailman perustamista oli hänessä valinnut meidät olemaan pyhät ja nuhteettomat hänen edessään, rakkaudessa, edeltäpäin määräten meidät lapseuteen, hänen yhteyteensä Jeesuksen Kristuksen kautta, hänen oman tahtonsa mielisuosion mukaan, sen armonsa kirkkauden kiitokseksi, minkä hän on lahjoittanut meille siinä rakastetussa (Ef 1:3-6).

Kun Paavali alkaa pohtia Jumalan valtasuuruutta,

ylistys valtaa hänet kokonaan. Ylistetty olkoon meidän Herraame Jeesuksen Kristuksen Jumala ja Isä, joka on siunannut meitä taivaallisissa kaikella hengellisellä siunauksella Kristuksessa (j. 3). Jumala on hyvä ja ylistämisen arvoinen. Hän on siunannut kaikkia ihmisiä, mutta varsinkin meitä, jotka uskomme Kristukseen. Uskova on rikkaampi kuin tietääkään. Kristuksessa häneltä ei puutu yhtään mitään. Jumala on siunannut meidät kaikella hengellisellä siunauksella.

Uskovien ensimmäinen siunaus on se, että Jumala on valinnut meidät pelastumaan. Niinkuin hän ennen maailman perustamista oli hänessä valinnut meidät. Tämä on jokaisen ihmisen historia, joka ikinä on tehnyt parannuksen ja uskonut Jeesukseen Kristukseen. Jumala valitsi hänet pelastumaan täysin riippumatta hänen omista teoistaan. Me uskomme, että Jumala on valinnut meidät, ei niin, että me olisimme valinneet Jumalan.

Raamatun kenties kaikkein vastenmielisin oppi on oppi valinnasta ja ennaltamääräämisestä. Se nimittäin nujertaa ihmisen ylpeyden. Ihminen haluaa olla Jumalasta riippumaton. Hän haluaa olla oman kohtalonsa herra. Hän haluaa itse tehdä päätökset, jotka määräävät hänen tulevaisuutensa. Hän ei suostu alistumaan Jumalan arvovallan alle. Kun Raamattu sanoo, että Jumala valitsi jotkut ja sivuutti toiset, ihminen sanoo: "Ei ikinä! Sitä minä en kyllä usko!"

Luonnollinen ihminen on luonnostaan kapinallinen eikä tahdo alistua Jumalan tahtoon. Heti seuraava luku opettaakin, että ihminen on kuollut rikoksiinsa ja synteihinsä ja on Saatanan vallan alainen. Hän on syntisten himojensa orja ja luonnostaan vihan lapsi (2:1-3). Teologit kutsuvat sitä "täydelliseksi turmeltuneisuudeksi". Ihmisellä ei ole kykyä tehdä mitään Jumalaa miellyttävää. Kun hänelle annetaan mahdollisuus valita Jumala, hän eksyy aina harhateille.

Jotkut sanovat, että ihminen tekee lopullisen valinnan. He sanovat, että ihmisellä on "vapaa tahto", että ihmisellä olisi kyky valita Jumala. Se ei pidä paikkaansa. Se ei ole Raamatun mukaista. Jotta ihminen voisi pelastua synneistään, Jumalan on tehtävä kaikki. Jumalan täytyy valita ihminen, ennaltamäärätä hänet ja tuoda askel askeleelta pelastumaan Kristuksen kautta. Edeltäpäin määräten meidät lapseuteen, hänen yhteyteensä Jeesuksen Kristuksen kautta, hänen oman tahtonsa mielisuosion mukaan (j. 5).

Jakeet 3-14 osoittavat meille Jumalan pelastussuunnitelman: Isä on valinnut meidät, Poika on lunastanut meidät ja Pyhä Henki on sinetöinyt meidät. Ihmisen tahto ei ole vapaa. Hänen syntinen luontonsa sitoo häntä. Vaikka pelastus on tarjolla kaikille, kaikki eivät voi ottaa sitä vastaan. Meidän rajoitetusta näkökulmastamme näyttää siltä, että kuka tahansa voi pelastua. Mutta nyt olemmekin katsomassa pelastusta Jumalan näkökulmasta, ei ihmisen. Jeesus sanoi: "Ei kukaan voi tulla minun tyköni, ellei Isä, joka on minut lähettänyt, häntä vedä", ja "ettei kukaan voi tulla minun tyköni, ellei minun Isäni sitä hänelle anna" (Joh 6:44a, 65). Apostoli Johannes kirjoitti kehottaen ihmisiä ottamaan Kristus vastaan: "Mutta kaikille, jotka ottivat hänet vastaan, hän antoi voiman tulla Jumalan lapsiksi, niille, jotka uskovat hänen nimeensä, jotka eivät ole syntyneet verestä eikä lihan tahdosta eikä miehen tahdosta, vaan Jumalasta" (Joh 1:12-13). Panitko merkille: "eikä miehen tahdosta"? Pelastuminen riippuu Jumalan tahdosta, ei ihmisen tahdosta. Minkäänlaista tahdon vapautta ei pelastuksen asiassa ole olemassa.

Oppi "vapaasta tahdosta" on tehnyt paljon tuhojaan länsimaissa. On järkeilty, että jos ihminen itse tekee lopullisen valinnan, silloin hänet täytyy suostutella tekemään oikea valinta. Niinpä seurakunnissakin käytetään tunteisiin vetoavia, kyseenalaisia keinoja. Evankeliumia ei esitetä ilman, että sen yhteydessä pyydetään kuulijoita tekemään ratkaisunsa uskoon tulemisesta. Usein ihmisiä suorastaan painostetaan "antamaan elämänsä Jeesukselle". En kyseenalaista näin toimivien ihmisten vaikuttimia. Me kaikki kehotamme ihmisiä tekemään parannuksen ja uskomaan Kristukseen. Mutta arminiolaiset painostustaktiikat tuottavat varsin kyseenalaisia tuloksia. Vapaatahtoisuuden seurauksena seurakuntiin on liittynyt paljon ei-uskovia. Monet seurakuntien jäsenet elävät epäpyhää elämää. Länsimaisia seurakuntia vaivaavat lukuisat skandaalit. Useimmat länsimaiset "kristityt" eivät ole kristittyjä ollenkaan. Monet myös luopuvat "uskostaan". Miksi? Koska he eivät koskaan ole aidosti pelastuneetkaan. Harhaanjohdettujen uskovien yli-innokkaat ponnistelut ovat sekoittaneet heidät. Jotkut tällaisista julistajista käyttävät kaikenlaisia temppuja saadakseen ihmiset tekemään ratkaisunsa Kristuksen seuraamisesta niin, että saavat vähitellen koottua joukon seurakuntalaisia ja rahoituksen Herran työlle. Heitä saatetaan ylistää heidän "pelastamiensa" ihmisten määrästä. Pyrkimyksenä on saada mahdollisimman paljon "ratkaisuja" Kristuksen puoleen.

Jotkut ratkaisevat kysymyksen ennaltamääräämisestä sanomalla: "Pelastus riippuu Jumalasta ja ihmisestä." Jos pelastus riippuisi 99%:sti Jumalasta ja 1%:sti ihmisen päätöksestä, silloin ihmiselle kuuluisi osaksi kunniaakin omasta pelastumisestaan. Ihmisen voisi väittää olleen ainakin kyllin viisas nähdäkseen totuuden ja valitakseen Kristuksen Pelastajakseen. Ei, ei. Pelastus ei perustu mihinkään ihmisessä. Se on 100%:sti Jumalasta, ja Jumala ansaitsee 100% kunniasta. Siksi Paavali sanoi: Ylistetty olkoon meidän Herramme Jeesuksen Kristuksen Jumala ja Isä (j. 3a).

Tietysti Jumala kutsuu kaikkia tekemään parannuksen! Yleinen kutsu koskee jokaista ihmistä. Jeesus sanoi: "Tulkaa minun tyköni, kaikki työtätekeväiset ja raskautetut, niin minä annan teille levon" (Matt 11:28). Meillä on tämän kaksoistotuuden äärellä taipumus päätellä, että joko Jumala ei ole suvereeni tai ihminen ei ole vastuullinen. Mutta molemmat ovat raamatullisia totuuksia, joita meillä ei ole oikeutta epäillä. Jumala on suvereeni, ja ihminen on täysin vastuussa synneistään. Raamattu korostaa suuresti ihmisen vastuullisuutta. Kaikki ovat vastuussa synneistään ja velvollisia uskomaan evankeliumin sen kuullessaan. Mutta useimmat ihmiset eivät vastaa eivätkä voi vastata siihen aidosti uskoen. Vain ne, jotka Jumala on valinnut ennen maailman perustamista, voivat vastata uskoen. Ja useimmat heistäkin kapinoivat ensin jonkin aikaa Jumalaa vastaan. Mutta ennemmin tai myöhemmin he vastaavat Jumalan kutsuun.

Joskus romuvarastoilla käytetään vahvaa sähkömagneettia keräämään romurautaa. Magneetin kulkiessa romuläjän yli kaikki, missä on rautaa, hyppää ylös ja tarttuu magneettiin. Kaikki muu romu jää paikoilleen. Muutkin metallit, kuten alumiini ja kupari, voivat näyttää raudalta, mutta ne eivät reagoi magneettiin. Ne jäävät lojumaan puun ja lasin sekaan. Tämä on vain kielikuva, mutta se auttaa meitä ymmärtämään, miksi jotkut uskovat ja jotkut eivät. Jumala on jo merkinnyt jotkut pelastumaan kauan ennen kuin he olivat edes syntyneet — kauan ennen kuin he olivat tehneet mitään hyvää tai pahaa. Meidän näkökulmastamme näyttää siltä kuin meillä olisi vapaus tehdä melkein mitä tahansa. Ja eräässä mielessä meillä onkin. Kuka tahansa, joka uskoo Jeesukseen, pelastuu. Mutta Raamattua lukiessamme huomaamme, että ainoat, jotka uskoivat Jeesukseen, olivat juuri ne, jotka olivat valitut.

Seuraava kysymys, joka tulee mieleemme, kun järkeilemme liikaa, on: "Jos Jumala on valinnut jotkut pelastukseen ja ylenkatsonut muut, silloin niillä, jotka eivät ole valittuja, ei ole mitään mahdollisuuksiakaan. Kuinka Jumala voi sitten vielä syyttää heitä ja rangaista heitä heidän synneistään?" Tämäkin on käsitelty Raamatussa: "Sinä kaiketi sanot minulle: 'Miksi hän sitten vielä soimaa? Sillä kuka voi vastustaa hänen tahtoansa?' Niinpä niin, oi ihminen, mutta mikä sinä olet riitelemään Jumalaa vastaan? Ei kaiketi tehty sano tekijälleen: 'Miksi minusta tällaisen teit?' Vai eikö savenvalajalla ole valta tehdä samasta savensa seoksesta toinen astia jaloa, toinen halpaa käyttöä varten?" (Room 9:19-21). Jumala on meidän yläpuolellamme niin kuin savenvalaja on saven yläpuolella. Emme mitenkään voi vastustaa Hänen tahtoaan. Emme myöskään voi sanoa, että Hän olisi epäreilu. Me olemme kaikki suuresti loukanneet Jumalaa ja ansaitsemme vain rangaistuksen. Hänen ei olisi tarvinnut valita ketään. Suuressa armossaan Hän päätti kuitenkin pelastaa jotkut meistä tehdäkseen meidät Poikansa kaltaisiksi. Jos todella hyväksymme tämän totuuden, emme ole katkeria, vaan ylistämme Jumalaa sen tähden yhä enemmän.

Emme tiedä, ketkä ovat valittuja. Meidän ei tarvitsekaan tietää sitä. Jumala on käskenyt meitä julistamaan evankeliumia kaikille luoduille. Meitä ei vaadita pelastamaan ihmisiä. Se on Jumalan työtä. Meiltä vaaditaan vain uskollisuutta. Lopulta valitut reagoivat evankeliumiin, muut eivät. Muut pitävät meitä jokseenkin tyhminä ja merkityksettöminä ihmisinä.

Meidän täytyy antaa Jumalan päättää, kuka pelastuu. Meidän tehtävämme on tehdä evankeliumi selväksi ihmisille ja olla uskollisia Jumalalle. Emme saa milloinkaan turvautua pettäviin keinoihin Jumalan valtakunnan tähden. Emme saa syyllistyä Hänen kätensä pakottamiseen. Voimme julistaa evankeliumia ja rukoilla syntisten puolesta. Voimme kehottaa heitä tekemään parannuksen ja varoittaa heitä tulevasta vihasta. Mutta emme voi pakottaa tai manipuloida heitä. Jos niin teemme, saamme aikaan vain valheuskovia seurakuntiin. Uudessa testamentissa emme missään löydä Jeesusta tai apostoleja kehottamassa syntisiä toistamaan jotain tiettyä rukousta pelastuakseen, kuten monet julistajat nykyään tekevät. Voimme luottaa siihen, että Jumala toteuttaa suunnitelmansa oman tahtonsa mielisuosion mukaan, armonsa kirkkauden kiitokseksi (j. 5b-6a).

Kun apostoli Paavali julisti evankeliumia uudessa kaupungissa, Raamattu sanoo: "Sen kuullessansa pakanat iloitsivat ja ylistivät Herran sanaa ja uskoivat, kaikki, jotka olivat säädetyt iankaikkiseen elämään" (Apt 13:48). Vain ne, jotka Jumala on säätänyt iankaikkiseen elämään, uskovat lopulta, ei yksikään enempää eikä yksikään vähempää. Jumala on kyllin voimallinen kutsumaan oman kansansa luokseen. Jeesus puhui epäuskoisille juutalaisille sanoen: "Mutta te ette usko, sillä te ette ole minun lampaitani. Minun lampaani kuulevat minun ääntäni, ja minä tunnen ne, ja ne seuraavat minua. Ja minä annan heille iankaikkisen elämän, ja he eivät ikinä huku, eikä kukaan ryöstä heitä minun kädestäni" (Joh 10:26-28).

Kun Paavali tuli saarnamaan Korinttiin, hän kohtasi ensin vastustusta. Korintti oli hyvin paha kaupunki. Paavali masentui, mutta Herra ilmestyi hänelle ja puhui nämä lohduttavat sanat: "Älä pelkää, vaan puhu, äläkä vaikene, sillä minä olen sinun kanssasi, eikä kukaan ole ryhtyvä sinuun tehdäkseen sinulle pahaa, sillä minulla on paljon kansaa tässä kaupungissa" (Apt 18:9-10). Jumalalla oli tuossa kaupungissa monia ihmisiä, jotka Hän oli merkinnyt omikseen ennen maailman perustamista.

Jumalan valitut ihmiset ovat hajallaan kaikkialla maailmassa. Heitä on kaikissa heimoissa ja kansoissa. Meidät on kutsuttu viemään heille evankeliumi. Älkäämme masentuko. Jumala on käyttävä meidän ponnistelujamme. Sadonkorjuun koittaessa saamme leikata, ellemme väsy. Vaikka kylvämme kyynelin, saamme korjata riemuiten. Jos olemme uskollisia, tulemme varmasti kerran palaamaan riemuiten ja tuomaan lyhteemme mukanamme. Olen hyvin kiitollinen Jumalalle Hänen viisaasta suunnitelmastaan ja siitä suuresta etuoikeudesta, että saan olla siinä mukana!

11.

POJAN LUNASTAMAT
Efesolaiskirje 1:7-10

Jumalalla on suunnitelma ihmisten pelastamiseksi. Hän valitsee jotkut pelastumaan. Isä Jumala on valinnut ne, jotka uskovat, jo "ennen maailman perustamista" (j. 4). Hän "edeltäpäin määräsi meidät" tulemaan pojikseen ja tyttärikseen, ennen kuin meillä oli mitään sanottavaa siihen. Sitä kutsutaan Jumalan suvereenisuudeksi. Jumala päättää, ketkä pelastuvat, ei ihmiset. Tämä ei ole suosittu aihe, mutta se on Raamatun opetus pelastuksesta.

Siirrymme nyt menneisyydestä pelastuksen nykyhetken näkökulmaan. Me olemme Pojan lunastamat. "Jossa [Kristuksessa] meillä on lunastus hänen verensä kautta, rikkomusten anteeksisaaminen, hänen armonsa rikkauden" (j. 7). Lunastus on se puoli pelastusta, joka tarkoittaa, että meidät on ostettu ja vapautettu. Alkuperäinen kreikan sana on apolutrosis. Se on juridinen sana. Se merkitsee kirjaimellisesti orjamarkkinoilta ostamista. Orjakauppa oli yleistä siihen aikaan, kun Paavali kirjoitti tämän kirjeen. Monet omistivat orjia. Rikkaat omistivat useita orjia. Orjia ostettiin ja myytiin avoimilla markkinoilla kuten mitä tahansa hyödykettä. Rooman imperiumissa arvioidaan olleen noin kuusi miljoonaa orjaa.

Orjatori oli vilkas paikka. Orjat myytiin siellä huutokaupalla. Keskellä toria oli noin puoli metriä korkea kivenlohkare. Myytävä orja laitettiin seisomaan lohkareelle, mistä kaikki saattoivat nähdä hänet. Orjanomistaja asetti vähimmäishinnan ja huutaminen voi alkaa. Nuorista, vahvoista orjista saatiin korkeampi hinta kuin vanhoista ja sairaista. Orja myytiin parhaimman tarjouksen tehneelle. Tuotuaan myyjälle maksun hänestä tuli orjan uusi omistaja, ja hän voi kohdella orjaansa aivan kuten tahtoi. Hän voi ruoskia hänet tai jopa tappaa hänet, jos niin halusi. Orja ei ollut henkilö. Hän oli omaisuutta niin kuin aasi tai vaunut. Orjan ainoa toivo oli saada ystävällinen isäntä.

Jeesus sanoi: "Totisesti, totisesti minä sanon teille: jokainen, joka tekee syntiä, on synnin orja" (Joh 8:34). Jokainen tekee syntiä, ja siksi jokainen on synnin orja. Apostoli Paavali kirjoitti Rooman kristityille: "Te… olitte synnin palvelijoita [orjia]" (Room 6:17). Hän viittasi ihmisen luonnolliseen tilaan sanoilla "myyty synnin alaisuuteen" (Room 7:14). Hän sanoi myös, että luomakuntakin on nyt "turmeluksen orjuudessa" (8:21). Synnillä on meissä väkevä hallintavalta. Ihmiset ovat synnin vankeja. Synti on kuin julma orjaisäntä, joka pitää meitä raskaissa kahleissa. Ajattelemme mielellämme, että olemme vapaita, mutta me emme ole. Me olemme orjuudessa. Jokaisen ihmisen luonnollinen olotila on syntisten himojen ja halujen orjuus.

Synti on julma herra. Jotkut ihmiset synti vetää moraalittomuuden lokaan. Heitä näkee viinan, huumeiden tai intohimojensa orjuuttamina. Toiset eivät näytä niin pahoilta ulospäin, mutta silti he ovat synnin orjia. Heidän syntinsä ovat vain vähän hienostuneempia.

Synti tekee ihmiset sokeiksi todelliselle tarpeelleen. He luulevat olevansa vapaita, mutta todellisuudessa he ovat täydellisesti orjuutettuja. Jokainen ihminen, joka ei ole Kristuksen lunastama, on täysin synnin orja. Hän on pahemmassa jamassa kuin kahlehdittu orja. Synti vaatii korkean hinnan. "Synnin palkka on kuolema" (Room 6:23). Synnistä ei ole helppoa vapautusta. Synti edellyttää aina kuolemaa. Vaikka synnillä on paljon orjia, se ei päästä yhtäkään niistä vapaaksi. Synti vaatii kuoleman. Poikkeuksia ei ole. Jos palvelet syntiä, sinun on kuoltava. Voit palvella syntiä uskollisesti monet vuodet, mutta lopulta sinun on nostettava palkkasi. Se on synnin ja kuoleman laki.

Mutta Jeesus maksoi hinnan lunastaakseen meidät synnistä. Hän maksoi hinnan päästääkseen meidät vapaiksi synnistä. "[Kristuksessa] meillä on lunastus hänen verensä kautta..." (j. 7). Jeesus tuli meidän tilallemme ja kuoli meidän sijastamme. Hän tuli orjamarkkinoille. Tämä maailma on kuin orjamarkkinat. Jeesus on ikuinen Jumala, mutta Hän tuli ihmiseksi maailmaan. Hän syntyi pieneksi vauvaksi ja kasvoi aikuiseksi. Hän on ainoa ihminen, joka ei ole koskaan tehnyt syntiä. "Koska siis lapsilla on veri ja liha, tuli hänkin niistä yhtäläisellä tavalla osalliseksi, että hän kuoleman kautta kukistaisi sen, jolla oli kuolema vallassaan, se on perkeleen, ja vapauttaisi kaikki ne, jotka kuoleman pelosta kautta koko elämänsä olivat olleet orjuuden alaisia" (Hep 2:14-15). Jeesus tuli ja maksoi hinnan ostaen meidät vapaiksi synnistä vuodattamalla oman verensä, kuolemalla meidän sijastamme. Hän osti meidät synnin orjamarkkinoilta ja vapautti meidät.

Mitä 'meillä on lunastus hänen verensä kautta' varsinaisesti tarkoittaa? Verta käytetään tässä kielikuvana. Se merkitsee väkivaltaista kuolemaa. Tässä tapauksessa se viittaa Jeesuksen kuolemaan ristillä. Jeesuksen fyysinen veri ei tarkasti ottaen pese syntejämme pois. Synti ei ole tahra, jonka voi pestä pois saippualla. Jeesuksen veri oli normaalia ihmisverta. Hän ei olisi voinut viiltää itseään ja vuodattaa hieman vertaan jonkun päälle poistaakseen hänen syntinsä. Jeesuksen täytyi antaa elämänsä ja kuolla. "Jeesuksen veri" on kielikuva, joka tarkoittaa Hänen ristiinnaulitsemisella tapahtunutta kuolemaansa. Jos Jeesuksen fyysinen veri olisi ainoa asia, joka meidät pelastaisi, silloin kukaan meistä ei pelastuisi. Meillä ei ole Hänen vertaan säilössä jossain astiassa. Kiitos Jumalalle, meidät pelastaa Hänen kuolemansa! Tietenkin Hän vuoti verta ristillä ollessaan. Mutta se veri on kuivunut ja kadonnut. Kristuksen veri on kielikuva, joka tarkoittaa Hänen kuolemaansa ristillä meidän syntiemme sovitukseksi.

Sydän, veri ja verenkiertojärjestelmä ovat tämän maallisen kehon elämän lähtökohta. Kun ihminen haavoittuu niin, että hänen verensä vuotaa pois, hänen henkensäkin vuotaa pois. Jeesus otti vapaaehtoisesti kärsiäkseen rangaistuksen meidän synneistämme ja antoi tappaa itsensä. Hän vuodatti verensä, että me pelastuisimme. Jos pitäydymme siinä ajatuksessa, että vain Jeesuksen fyysinen veri voi pestä pois meidän syntimme, silloin sijoitamme Hänen vereensä mystistä voimaa ja meidän täytyisi keksiä keinoja saada tuota verta. Roomalaiskatoliset esimerkiksi väittävät muuttavansa ehtoollisviinin Jeesuksen fyysiseksi vereksi niin, että he voivat juoda sen ja saada anteeksiantamuksen. Se on harhaoppia. Me uskomme, että Jeesus antoi henkensä meidän puolestamme. Hän kuoli meidän sijastamme. Hänen kuolemansa oli sijaiskuolema, ja se pätee kohdallamme, kun uskomme Häneen.

Lunastuksen lopputulos on syntien anteeksisaaminen. Anteeksisaaminen tapahtuu Jeesuksen vuodatetun veren perusteella. Me voimme saada syntimme anteeksi ja päästä vapaiksi. Tämä tapahtuu hiljaa niiden sydämissä, jotka tuntevat itsensä syntisiksi ja tekevät parannuksen synneistään. Ensiksi meidän täytyy nähdä itsemme synnin orjina. Meidän täytyy ymmärtää epätoivoinen tarpeemme pelastua. Sitten meidän täytyy ymmärtää, että Jeesus kuoli puolestamme. Sen jälkeen meidän on käännyttävä synneistämme ja uskottava Kristukseen. Silloin saamme Jumalalta anteeksi. Tämä anteeksianto on lopullinen ja täydellinen. "Niin ei nyt siis ole mitään kadotustuomiota niille, jotka Kristuksessa Jeesuksessa ovat" (Room 8:1). Ei ole väliä sillä, kuinka paljon syntiä olet tehnyt, Jeesus antaa anteeksi ne kaikki. Hän antaa meille anteeksi "armonsa rikkauden mukaan. Tätä armoa hän on ylenpalttisesti antanut meille kaikkinaiseksi viisaudeksi ja ymmärrykseksi" (j. 7b-8).

Orja ei pysty ostamaan itseään vapaaksi orjuudesta. Hänellä ei ole rahaa eikä mitään omaisuutta. Orjia ostettiin ja myytiin kuin karjaa. Vain vapaa ihminen pystyi ostamaan orjan. Joskus sukulainen tai joku ystävällinen henkilö saattoi ostaa orjan ja vapauttaa hänet. Me olemme kaikki kuin orjat seisomassa huutokauppakivellä odottaen, että joku ystävällinen isäntä ostaisi meidät. Synti hallitsee meitä täydellisesti. Jonkun täytyy tulla ja tuoda ostohinta vapauttaakseen meidät. Jumala näki meidät siellä orjamarkkinoilla. Me olimme avuttomia, ja Hän sääli meitä. Hän lähetti oman Poikansa, Herran Jeesuksen, kuolemaan meidän sijastamme. Jeesus maksoi vapautumisemme hinnan omalla hengellään.

Enää ei ole mitään syytä jäädä synnin orjuuteen. Jeesus vapauttaa meidät. Hänen kuolemansa murtaa synnin voiman. Kun me teemme parannuksen synneistämme ja vastaanotamme Hänet omakohtaisena Pelastajanamme, Hän irrottaa raskaat kahleemme. Hän poistaa synnin painavan ikeen. Hän parantaa haavamme ja antaa meille levon.

Aikojen kuluessa Jeesus on lunastanut monia orjia synnin orjamarkkinoilta ja päästänyt heidät vapaiksi. Nämä lunastetut ihmiset ovat kerääntyneet ryhmiin, joita kutsutaan seurakunniksi. Seurakunnat ovat uskovien yhteisöjä, missä palvomme ja palvelemme Herraa yhdessä. Vapauttaessaan meidät synnistä Hänellä on meille tehtävä. Hän haluaa meidän palvelevan Häntä. Nyt meillä on uusi isäntä. "Ja että te synnistä vapautettuina olette tulleet vanhurskauden palvelijoiksi" (Room 6:18). Uusi isäntämme ja herramme on Jeesus. Kun palvelemme Häntä, palvelemme vanhurskautta. Emme enää tottele vanhaa isäntäämme. Nyt tottelemme uutta isäntäämme. Palvelemme nyt vanhurskautta.

Jotkut sanovat, että he haluavat olla vapaita. He eivät halua palvella ketään. He eivät halua totella vanhempiaan, opettajiaan tai ketään. He haluavat palvella vain itseään. Joten he palvelevat itseään, mikä on sama asia kuin synnin palveleminen. Synti on hyvin petollista. Jokainen palvelee jotakin. Jokainen on automaattisesti jonkin orja. Jos et ole Jeesuksen ja vanhurskauden orja, silloin olet muodossa tai toisessa synnin orja. Kyse on vain siitä, kenen orja haluat olla - synnin vai Jeesuksen? Molempia et voi palvella. Sinulla voi olla vain yksi herra. Jos et tottele Herraa Jeesusta, tottelet syntiä. Synti on hyvin vaativa herra. Jos palvelet syntiä, tulet aikaa myöten huomaamaan, miten julma synti on. Synnin polku on erittäin raskas.

Jeesus tarjoaa meille vaihtoehdon. Hän sanoi: "Tulkaa minun tyköni, kaikki työtätekeväiset ja raskautetut, niin minä annan teille levon. Ottakaa minun ikeeni päällenne ja oppikaa minusta, sillä minä olen hiljainen ja nöyrä sydämeltä; niin te löydätte levon sielullenne. Sillä minun ikeeni on sovelias, ja minun kuormani on keveä" (Matt 11:28-30). Kyllä, Kristukseen uskovat kantavat iestä, mutta se on helppo ies verrattuna synnin kovaan ikeeseen. Kyllä, me kannamme kuormaa, mutta se on keveä kuorma verrattuna synnin raskaaseen kuormaan. Jeesus tarjoutuu vaihtamaan raskaan ikeesi Hänen keveään ikeeseensä. Hän tarjoutuu vaihtamaan raskaan kuormasi Hänen keveään kuormaansa. Hän antaa sinulle levon.

12.

HENGEN SINETÖIMÄT
Efesolaiskirje 1:11-14

Tekstimme sanoo, että kristittyihin on pantu luvatun Pyhän Hengen sinetti (jae 13b). Tulemme näkemään, että tämä sinetti on niin varma ja niin lopullinen, ettei kukaan pysty sitä ikinä murtamaan, et sinäkään. Aito Kristuksessa oleva uskova on täydellisesti turvassa.

Haluan korostaa, että kaikki siunaukset, joita meillä uskovina on, ovat Jeesuksen Kristuksen kautta. "Hänessä [Kristuksessa] me myös olemme saaneet perintöosan..." (j. 11a). Ilmaisua "Kristuksessa" käytetään usein Uuden testamentin kirjeissä. Sillä on syvä merkitys. Ohitamme sen usein liian nopeasti. Kaikki maan päällä elävät ihmiset ovat joko synnissä tai Kristuksessa. Kristuksessa oleminen tarkoittaa ikuista synnistä pelastumista. Kun ihminen luottaa Kristukseen omana Pelastajanaan, hän tulee yhdeksi Kristuksen kanssa. Hänestä tulee Jumalan lapsi, ja hän saa uuden luonnon. Hänen elämässään tapahtuu valtavan suuri muutos. Useimmat muutokset eivät tule heti näkyviin. Ne ovat sisäisiä muutoksia. Niiden pitäisi vähitellen alkaa näkyä elämässämme, koska jätämme syntiset tapamme taaksemme. Meillä on uusi luonto. Mutta suurimmat muutokset ovat vielä tulevaisuutta. Ymmärrämme ne sitten, kun fyysiset ruumiimme kirkastetaan taivaassa.

Uudestisyntymättömät ihmiset eivät millään pysty ymmärtämään sitä suurta muutosta, joka tapahtuu, kun ihminen pelastuu, kun hänet asetetaan Kristukseen. Monet ihmiset ovat uskonnollisia. Monet kuuluvat johonkin seurakuntaan. He sanovat uskovansa Kristukseen, mutta eivät oikeastaan tiedä, mistä puhuvat. Jotkut jopa yrittävät noudattaa Kristuksen opetuksia. Se ei ole väärin, mutta se on aivan täydellisesti eri asia kuin olla Kristuksessa.

Kuinka ihminen sitten pääsee olemaan Kristuksessa? Inhimilliseltä kannalta katsottuna uskomalla — Jumalan kannalta katsottuna olemalla edeltä määrätty siihen. Kristuksessa me olemme saaneet perintöosan, ollen siihen edeltämäärätyt hänen aivoituksensa mukaan, hänen, joka vaikuttaa kaikki oman tahtonsa päättämän mukaan (j. 11). Tämä on todella väkevä jae. Siksi useimmat ihmiset pyrkivät hyppäämään nopeasti sen ylitse. Kuitenkin se on totta, eikä missään muualla Raamatussa ei ole mitään, joka vähentäisi sen voimaa. Pelastus on perimmältään suvereeni asia. Jumala yksin edeltä määrää ne, jotka tulevat osallisiksi kirkkaudesta. Ihminen on silti vastuussa synneistään. Et ehkä pidä tästä, mutta niin Raamattu opettaa.

Jumala ei ainoastaan päätä, kuka lopulta pelastuu, Hän vaikuttaa kaikki oman tahtonsa päättämän mukaan. Sinun ei tarvitse pelätä, että Jumala tekisi virheitä. Hän ei tee koskaan virheitä. Jotkut asiat näyttävät meistä nyt tragedialta, mutta lopulta kaikki järjestyy hyvin. Lopullinen suunnitelma on tuoda kunniaa Jumalalle. Että me olisimme hänen kirkkautensa kiitokseksi, me, jotka jo edeltä olimme panneet toivomme Kristukseen

(j. 12). Inhimilliseltä puolelta katsottuna meidän tulee luottaa Kristukseen. Lopulta kaikki tulee järjestymään täsmälleen niin kuin Jumala on suunnitellutkin, ja Hän on saava kaiken kunnian.

Kaikki tämä osoittaa, että Jumala on väkevä. Jumala on voimallinen. Hän on voimakkaampi kuin yksikään ihminen. Jotkut kristilliset ryhmät uskovat, että Pyhä Henki on voimakas, mutta samanaikaisesti luulevat itse olevansa vielä voimakkaampia. Minäpä selitän, mitä tarkoitan. Nämä ihmiset väittävät, että Pyhä Henki vaikuttaa kaikenlaisia ihmeitä heidän elämässään, mutta samanaikaisesti he väittävät, että oikea kristitty voi menettää pelastuksensa ja päätyä lopulta helvettiin. Tämä on ihmisen viisautta, ja pian näemme miten täysin järjetön ajatus se on.

Kun Jumala päättää pelastaa syntisen ja edeltä määrää hänet saamaan perintöosan, mikään ei voi sitä peruuttaa. Pyhä Henki sinetöi meidät. Hänessä [Kristuksessa] on teihinkin, sittenkuin olitte kuulleet totuuden sanan, pelastuksenne evankeliumin, uskoviksi tultuanne pantu luvatun Pyhän Hengen sinetti (j. 13). Älä koskaan murehdi sitä, että voisit jotenkin menettää pelastuksesi Kristuksessa. Sinä et voi. Jos todella olet kristitty, sinuun on pantu Pyhän Hengen sinetti.

Muinaisina aikoina sinetti tehtiin kuumasta vahasta. Kuningas painoi sormuksensa pehmeään vahaan. Sen kovetuttua jokainen saattoi nähdä, että siinä oli kuninkaan sinetti. Sitä käytettiin yleisesti virallisen asiakirjan tai kuninkaallisen julistuksen lopussa. Sineteillä oli eri merkityksiä tilanteista riippuen. Esim. Daniel 6:16-17:ssa kuningas sinetöi Danielin jalopeurain luolaan. Sinetti oli auktoriteetin merkki. Kuningas sinetöi kiven, ja ainoastaan korkeampi auktoriteetti saattoi murtaa sinetin.

Kun Jeesus sinetöitiin hautaan, se oli merkki siitä,

että maan ylin vallanpitäjä oli sulkenut haudan. Vain sitä ylempi valta saattoi sinetin murtaa. Koska Jumalalla on ylin valta, Hänellä oli oikeus murtaa tuo sinetti, ja niin Hän tekikin. Kristuksessa olevissa uskovissa oleva sinetti on Jumala itse, Pyhä Henki. Jumalaa ylempää auktoriteettia ei ole. Kukaan ei voi murtaa Pyhän Hengen sinettiä, et sinäkään.

Sinetti oli myös aitouden merkki. Kuninkaan sinetti asiakirjan lopussa osoitti sen aitouden. Kukaan ei voinut jäljitellä kuninkaan sinettiä. Jumalan aitoa kansaa ovat ainoastaan ne ihmiset, joissa on Hänen sinettinsä; ne joilla on Pyhä Henki. Pyhä Henki ilmentää itseään elämässämme siten, että Hän saa meidät elämään Jeesuksen tavoin. Jotkut teeskentelevät, että heillä on Pyhä Henki. Jotkut heidän tekemisensä saavat heidät näyttämään melkoisen tärähtäneiltä. Eivätkä he pysty teeskentelemään kovin kauaa, koska heillä ei ole Jumalan aitoa voimaa. Pyhä Henki tekee meidät kykeneviksi elämään kristillistä elämää joka päivä. Hän on todiste meidän aitoudestamme. Hän antaa meille luottamusta ja turvallisuuden tunnetta. Pyhä Henki todistaa yhdessä meidän henkemme kanssa, että me olemme Jumalan lapsia.

Sinetti oli myös merkki lukkoon lyödystä liiketoimesta. Jumala käski Jeremiaa ostamaan pellon (Jer 32:9-12). Tämä maksoi rahat ja sinetöi kauppakirjan. Se vahvisti kaupan. Kun ihminen uskoo Kristukseen, pelastustoimi on valmis. Sopimus on lyöty lukkoon. Tämä tarkoittaa sitä, että pelastusta ei voi koskaan peruuttaa, koska Pyhä Henki on sinettinä siitä, että toimenpide on saatettu päätökseen.

Me, jotka olemme tulleet Kristukseen uskoviksi, olemme täysin turvassa. Jumala on sinetöinyt meidät Pyhällä Hengellä, jota kutsutaan luvatuksi Pyhäksi Hengeksi (j. 13b). Jumala täyttää aina lupauksensa.

Ihmiset eivät pidä lupauksiaan. Poliitikot rikkovat lupauksensa. Aviopuolisot rikkovat avioliittovalansa. Ihmiset rikkovat useinkin lupauksensa, mutta Jumala ei koskaan riko lupauksiaan.

Saatat sanoa: "Kuinka sen voi varmasti tietää, että Jumala ei riko lupaustaan?" Se on tosin mieletön kysymys, mutta vastataan siihen kuitenkin. Jumala on antanut siitä takuun meille. Pyhä Henki on meidän perintömme vakuutena, hänen omaisuutensa lunastamiseksi — hänen kirkkautensa kiitokseksi (j. 14). Pyhä Henki on "vakuus". Tämä sana on kreikaksi "arrabon". Kirjaimellisesti se tarkoittaa panttia, käsirahaa, vakuusrahaa tai kihlasormusta. Kun tyttö saa kihlasormuksen, se merkitsee, että nuori mies on menossa naimisiin hänen kanssaan. Hän on antanut hänelle jotakin arvokasta osoittaakseen, että tulee pitämään lupauksensa. Tytöt, älkää uskoko jokaista nuorta miestä, joka sanoo haluavansa mennä kanssanne naimisiin! Monet sanovat niin tarkoittamatta sitä todella. Uskokaa vain sitä, joka antaa kihlasormuksen. Se tarkoittaa, että hän on tehnyt päätöksensä. Hän on antanut jotain arvokasta osoittaakseen olevansa tosissaan. Vastaavasti, kun joku maksaa asunnosta käsirahan, se osoittaa, että hän todella aikoo ostaa kyseisen asunnon. Sopimus on sitova, vaikka hän maksaakin asunnon loppuhinnan vasta myöhemmin.

Kun ihminen uskoo Kristukseen, Jumala antaa hänelle Pyhän Hengen. Pelastustoimi on lyöty lukkoon. Kristitty ei peri taivaan kirkkautta välittömästi, mutta se aika koittaa varmasti. Pyhä Henki on perintömme vakuutena hänen omaisuutensa lunastamiseksi. Tässä puhutaan meidän fyysisistä ruumistamme. Me olemme pelastettuja, mutta ruumiimme eivät vielä ole lunastettuja. Ruumiimme lunastetaan sitten, kun meidät kirkastetaan taivaassa Kristuksen kanssa. Silloin pelastus on loppuun suoritettu. Jumala tulee lunastamaan ruumiimme. Me tiedämme sen, koska Hän on jo antanut meille jotakin arvokasta — Pyhän Hengen. Pyhä Henki on suuri käsiraha. Jumala antaa Pyhän Hengen pelkästään aidoille uskoville. Hän on varmasti vievä loppuun pelastuksen, jonka Hän on aloittanut meissä.

Jotkut opettavat, että uskova on kyllin väkevä rikkomaan meissä olevan Pyhän Hengen sinetin. He sanovat, ettei mikään uskovan ulkopuolella oleva voi repiä häntä irti Jumalasta, mutta he väittävät, että uskova itse voi valita Kristuksesta poistumisen. Mitä mieltä sinä olet? Roomalaiskirjeessä apostoli Paavali kysyy: "Kuka voi meidät erottaa Kristuksen rakkaudesta?" (Room 8:35a). Hänen johtopäätöksensä on osittain seuraava: "Sillä minä olen varma siitä, ettei kuolema eikä elämä, ei enkelit eikä henkivallat, ei nykyiset eikä tulevaiset, ei voimat, ei korkeus eikä syvyys, eikä mikään muu luotu voi meitä erottaa Jumalan rakkaudesta, joka on Kristuksessa Jeesuksessa, meidän Herrassamme" (Room 8:38-39). Ihminen on "luotu". Älä kuvittele olevasi Jumalaa voimakkaampi. Olet hyvin heikko. Jos olet todella pelastunut, et pysty erottautumaan Kristuksesta, et vaikka haluaisitkin. Olet vain luotu, et ole vahvempi kuin itse Jumala, kaiken Luoja.

Tietysti me tiedämme, että valheuskovat luopuvat pinnallisesta uskostaan Kristukseen ennemmin tai myöhemmin. Mutta se oppi, että aito kristitty voisi menettää pelastuksensa, on hirvittävän väärä. Joka todella uskoo sen, ei ymmärrä, mitä pelastus on. Tämä "uskossa, ei uskossa -oppi" halventaa Pyhän Hengen työtä meissä. Moinen käsitys pelastuksesta ei tuo kunniaa Jumalalle. Se on myös ristiriidassa Raamatun kanssa.

Pelastumattomat ihmiset pitävät sitä ylpeytenä, jos sanoo varmasti, että tietää pääsevänsä taivaaseen. Heidän mielestään ihmisen täytyy ansaita taivasosuutensa olemalla hyvä. Jos tämä olisi totta, kenelläkään ei voisi olla pelastusvarmuutta. Esiintyypä sellaistakin kristillisen opin tulkintaa, joka opettaa, ettei uskova voi koskaan olla varma pelastuksestaan, vaan hänen on "nöyränä ja arvottomana" anottava sitä alati Jumalalta. Mutta me tiedämme varmasti olevamme matkalla taivaaseen, koska emme ole tehneet yhtään mitään sen ansaitsemiseksi. Emme väitä olevamme pelastumisen arvoisia. Emme ole yhtään sen parempia kuin muutkaan, mutta Jumala on meidät valinnut ja edeltä määrännyt kirkkauteen. Hän antoi meille pelastuksen ja pani Henkensä meihin. Meillä on perintöosa taivaassa.

Pelastuksemme lopullinen tarkoitus on olla Jumalan kirkkauden kiitokseksi. Muistakaamme se aina. Sinä päivänä, kun yrität saada nimeä itsellesi, sinä päivänä, kun yrität saada itsellesi mainetta, sinä päivänä, kun yrität saada yhtään kunniaa itsellesi, sinä päivänä käyt kilpailuun Jumalan kanssa. Ei Jumala jaa kunniaansa kenenkään kanssa. Aito pelastus ei tee ketään ylpeäksi. Päinvastoin, se tekee meidät nöyriksi. Meidän kuuluu elää nöyryydessä ja palvella toinen toisiamme Jumalan kunniaksi.

13.

HERRAN PELKO
1 Pietari 1:17

Herran pelko on Raamatussa usein toistuva aihe. Sananlaskuissa sanotaan: "Herran pelko on viisauden alku, ja Pyhimmän tunteminen on ymmärrystä" (Sananl 9:10). Tässä yhteydessä pelolla tarkoitetaan kunnioitusta, alistumista ja nöyryyttä. Ne, jotka kunnioittavat Herraa ja alistuvat Hänelle, ovat viisaita. Jumala on pyhä, ja me olemme syntisiä. Viisas ihminen tajuaa tuon eron ja pelkää Herraa. Ihminen on hullu, jos hän tekee mitään sen vähempää. Raamattu puhuu paljon hulluista.

Apostoli Pietari kehottaa meitä vaeltamaan pelossa. "Ja jos te Isänänne huudatte avuksi häntä, joka henkilöön katsomatta tuomitsee kunkin hänen tekojensa mukaan, niin vaeltakaa pelossa tämä muukalaisuutenne aika" (j. 17). Toisissa Raamatun kohdissa meitä käsketään olemaan iloisia. Meidän moderni yhteiskuntamme painottaa iloa ja mielihyvää paljon enemmän kuin pelkoa ja kunnioitusta. Moderni uskonto lupaa iloa ja menestystä. Jotkut antautuvat niin sanotun "pyhän naurun" valtaan. Minä en löydä sellaista Raamatusta.

Tässä Sanassa oleva käsky asettaa tasapainoon äärimmäisen ilon ja pelon. Meitä vaaditaan olemaan iloisia ja myös pelkäämään. Herran pelko on oikein hyvä asia. Meillä ei voi olla aitoa iloa ilman Herran pelkoa. Todellakin, Herran pelko edeltää iloa Herrassa. Herran pelko on todellisen viisauden, aidon ilon ja kaiken muun arvokkaan alku.

Raamatunkohtamme on osoitettu kristityille, koska he ovat ainoat, jotka puhuttelevat Jumalaa "Isäkseen." Pelastumattomat ihmiset puhuvat Herrasta Jumalana. He eivät ole Hänen perheessään. Heidän on seisottava perhepiirin ulkopuolella. Heillä ei ole mitään oikeutta puhutella Häntä "Isänä." Isä on perheen sisäinen nimi. Se on läheisyyttä osoittava termi. Me rukoilemme Jumalaa Isänämme. Kun pyydämme Hänen apuaan, ensimmäinen sana, jonka sanomme, on "Isä." Muistattehan tämän, kun rukoilette. "Sillä te ette ole saaneet orjuuden henkeä ollaksenne jälleen pelossa, vaan te olette saaneet lapseuden hengen, jossa me huudamme: 'Abba! Isä!'" (Room 8:15). Aramean murteessa "Abba" oli kaikkein läheisin sana, jota pienet lapset käyttivät isälleen puhuessaan. Se on niin kuin kutsuisi häntä "isiksi."

Meidän taivaallinen Isämme on rakastava mutta ei myöten antava. Hän tuomitsee puolueettomasti. Hän ei suosi meitä enemmän kuin toisia. Hän on oikeudenmukainen kaikille. Jos vetoamme Häneen Isänä, silloin meidän tulisi tietää, että Hän tuomitsee puolueettomasti. Jos te Isänänne huudatte avuksi häntä, joka henkilöön katsomatta tuomitsee kunkin hänen tekojensa mukaan (j. 17a). Jos olet tarpeeksi lähellä Jumalaa voidaksesi kutsua Häntä Isäksi, silloin sinun pitäisi tietää, ettet voi selviytyä rankaisematta synnistä.

Jumala ei ole mikään joulupukki. Hän ei anna meille kaikkea, mitä haluamme. Hän ei ole kuten pappi Eeli, joka ei pitänyt poikiaan kurissa. Herra lähetti Eelille tämän sanoman: "Miksi te häpäisette minun teurasuhrini ja ruokauhrini, jotka minä olen säätänyt asuntooni? Ja miksi sinä kunnioitat poikiasi enemmän kuin minua, niin että te lihotatte itseänne parhaalla osalla jokaisesta minun kansani Israelin uhrilahjasta?" (1 Sam 2:29). Eeli kunnioitti poikiaan enemmän kuin Herraa. Silloin Herra sanoi Samuelin kautta näin: "Minä ilmoitan hänelle, että minä tuomitsen hänen sukunsa ikuisiksi ajoiksi sen rikoksen tähden, kun hän tiesi poikiensa pilkkaavan Jumalaa eikä pitänyt heitä kurissa" (1 Sam 3:13). Eeli kasvatti poikansa ilman kuria. Häntä rangaistiin tästä ankarasti. Jos luet eteenpäin, saat tietää, että Jumala antoi Eelin poikien Hofnin ja Piinehaan saada surmansa (luku 4:11) ja että Eeli itsekin kuoli (luku 4:18).

Jumala ei kohtele meitä niin kuin hemmotteleva isovanhempi kohtelee lastenlapsiaan. Hän kurittaa meitä oikeudenmukaisesti ja usein. "Ja te olette unhottaneet kehotuksen, joka puhuu teille niinkuin lapsille: 'Poikani, älä pidä halpana Herran kuritusta, äläkä menetä toivoasi, kun hän sinua nuhtelee; sillä jota Herra rakastaa, sitä hän kurittaa; ja hän ruoskii jokaista lasta, jonka hän ottaa huomaansa'" (Heb 12:5-6). Inhimilliset vanhemmat voivat epäonnistua johdonmukaisessa kurinpidossa, mutta meidän taivaallinen Isämme ei sitä tee. Jumala ei katso läpi sormien meidän syntejämme. Jos tunnemme Hänet Isänämme, silloin meidän pitäisi tietää, että Hän tuomitsee meidät puolueettomasti. Meidän olisi parasta vaeltaa täällä pelossa.

Meillä ei ole mitään poikkeuslupaa, niin että voisimme tehdä syntiä saamatta rangaistusta. Jumalalla on ainoastaan yksi vaatimus — absoluuttinen pyhyys! Syntisille ja pyhille on sama vaatimus. Jos rikomme tuota vaatimusta, meidän pitäisi odottaa saavamme kuritusta. Jumala ei tuomitse meitä erilaisella mitalla kuin toisia. Hän tuomitsee puolueettomasti. Mikä oikeus meillä on odottaa Jumalan antavan meidän tehdä syntiä joutumatta rangaistaviksi! Meitä tullaan rankaisemaan — ei iankaikkisella tulella vaan kurituksella tässä elämässä. Jumalan armosta meidän syntimme on annettu anteeksi, ja me olemme pelastuneet iankaikkisesta rangaistuksesta. Pahin rangaistus kristitylle on joutua hylätyksi hengellisestä palvelustyöstä. Apostoli Paavali kirjoitti: "Vaan minä kuritan ruumistani ja masennan sitä, etten minä, joka muille saarnaan, itse ehkä joutuisi hyljättäväksi" (1 Kor 9:27). Paavali tiesi Jumalan tarkastelevan häntä saman korkean vaatimustason mukaan, jota hän saarnasi muille. Jumala ei koskaan sallisi kenenkään opettavan muille pyhyyttä ja vanhurskautta ja sitten lähtevän ulos ja elävän epävanhurskaasti. Paavali tunsi houkutusta syntiin kuten kaikki ihmiset. Hän tunsi lihansa heikkouden. Niinpä hän kuritti ruumistaan ja teki sen orjakseen. Hän halusi tehdä mitä tahansa välttääkseen syntiä. Hän tiesi Jumalan tarkkailevan itseään. Paavali rakasti Herraa, mutta hän myös pelkäsi Herraa. Tuo pelko esti häntä tekemästä syntiä.

Miten traagista olisikaan olla vanhurskauden julistaja ja tehdä sitten niin raskaasti syntiä, että joutuisi heitetyksi pois hengellisestä palveluksesta! Voisi olla parempi olla kuollut, koska niin kauan kuin eläisit, ihmiset voisivat osoittaa sinua ja sanoa: "Tämä ihminen on tekopyhä! Hän sanoo yhtä mutta tekee päinvastoin." Sellainen aiheuttaisi häpeää meille ja Herralle. Meidän tärkeimpänä tarkoituksenamme tässä elämässä on olla Jumalan todistajia. Tapa, jolla elämme, on todistuksena kaikille niille, jotka tuntevat meidät. Jos menetämme uskottavuutemme tekemällä syntiä, silloin ihmiset eivät usko, mitä me sanomme. Me emme voi menettää pelastustamme, mutta voimme menettää mahdollisuutemme palvella Herraa. Synti voi tehdä meidät kelpaamattomiksi hengelliseen palvelukseen.

Sen pitäisi muistuttaa meitä vaeltamaan varovaisesti tässä maailmassa ja pelkäämään Herraa.

Jumala tuomitsee kaikki ihmiset puolueettomasti, mutta ei siinä kaikki. Hän kurittaa uskovia enemmän kuin uskottomia. "Sillä aika on tuomion alkaa Jumalan huoneesta; mutta jos se alkaa ensiksi meistä, niin mikä on niiden loppu, jotka eivät ole Jumalan evankeliumille kuuliaiset?" (1 Piet 4:17). On ihan ymmärrettävää, että inhimilliset vanhemmat huolehtivat enemmän omista lapsistaan kuin naapurin lapsista. Vanhempina vaimoni ja minä pidimme enemmän kuria kolmelle lapsellemme kuin naapurin lapsille. Miksi? Tietenkin siksi, että rakastimme enemmän omia lapsiamme! Miksi on niin, että syntiset usein menestyvät kieroilla teillään? He eivät aina jää kiinni. He elävät usein pitkän, varakkaan elämän. He eivät ole Jumalan perheessä. He kuuluvat toiseen perheeseen. Heidän rangaistuksensa on tulossa. He tulevat maksamaan jokaisesta synnistä ikuisesti helvetissä. Jumala kurittaa meitä nyt tässä elämässä, koska Hän rakastaa meitä. Me kärsimme usein, mutta se on meidän omaksi parhaaksemme. Tuomio alkaa Jumalan huoneesta. Siksi meidän täytyy pelätä Jumalaa ja elää vanhurskaasti.

Me olemme muukalaisia tässä maailmassa. Niin vaeltakaa pelossa tämä muukalaisuutenne aika (j. 17b). Me emme ole tämän maan vakituisia kansalaisia. Me viivymme täällä vain tilapäisesti. Tässä jakeessa olevaa sanaa "muukalaisuutenne aika" käytetään ainoastaan yhden toisen kerran Uudessa Testamentissa. Sitä käytetään puhuttaessa Israelin muukalaisuudesta Egyptissä, missä he elivät 400 vuotta. "Tämän Israelin kansan Jumala valitsi meidän isämme ja korotti tämän kansan, heidän muukalaisina ollessaan Egyptin maassa, ja vei heidät sieltä ulos kohotetulla käsivarrella" (Apt 13:17). Israelin lapset asuivat Egyptissä kyllin kauan tullakseen kansalaisiksi useimpien nykyajan mittapuiden mukaan — 400 vuotta. Heillä oli aikaa rakentaa taloja ja kasvattaa perheitä. Mutta he olivat silti muukalaisia maassa. Heillä ei milloinkaan ollut kaikkia kansalaisoikeuksia. He olivat ulkomaalaisia. He olivat Egyptissä vain väliaikaisesti. Jumala oli kutsumassa heitä ulos Egyptistä.

Me olemme tässä maailmassa vain väliaikaisesti. Se voi näyttää pitkältä ajalta, mutta sitä se ei ole. Me emme ole täällä kansalaisia. Me emme tule koskaan nauttimaan kaikista niistä oikeuksista, joita muilla on tässä maassa. Pelastumattomat ihmiset ottavat itselleen oikeuden tiettyihin synteihin. He tekevät yleisesti joitakin asioita, joita me emme voi emmekä saa tehdä. Me olemme erilaisia. Toisinaan nuoret kristityissä kodeissa haluavat tehdä samoin kuin kaikki muut nuoret tekevät. Ei. Me emme ole kuten he. He kuuluvat tähän syntiseen maailmaan. Me kuulumme taivaaseen. Jos teemme kaiken samoin kuin he, silloin ansaitsemme saman kohtalon, jonka he tulevat saamaan. Kumminko päin haluat sen? Haluatko kaiken täällä maan päällä, kuten Jeesuksen vertauksessa rikas mies, joka joutui tuskaan (Luuk 16:25)? Ei tietenkään! Me emme ole täällä kotonamme. Me olemme matkalla paljon parempaan paikkaan. Me olemme matkalla maahan, jossa me olemme kansalaisia. Siellä tulemme olemaan kotona.

On totta, että meidän on kärsittävä täällä joitakin epämiellyttäviä kokemuksia. Se voi vaikuttaa epäoikeudenmukaiselta. Meidän on kuljettava suoraa ja kaitaa tietä. Meidän on vaellettava Herran pelossa — ei siinä kuolettavassa pelossa, että Hän tuomitsee meidät helvettiin, mutta Herran kunnioituksessa ja kunniaksi. Me tiedämme, että meidän Jumalamme on pyhä eikä salli poikkeamista moraalivaatimuksistaan. Meidän täytyy kurittaa itseämme kuten Paavali, jotta emme olisi pahennukseksi. Me voimme luopua joistakin henkilökohtaisista etuoikeuksista. Voimme elää ilman, että saamme aina tahtomme läpi. Kysymyksessä on kuitenkin vain väliaikainen tilanne. Tämä elämä on hyvin lyhyt. Pian tulemme jättämään tämän paikan. Me emme elä vanhurskaasti tehdäksemme vaikutuksen ihmisiin. Me elämme vanhurskaasti, koska meidän Herramme vaatii sitä, ja Hän on meidän tuomarimme. Se, mistä ihmiset voivat meitä syyttää, on hyvin pientä. He eivät ole meidän tuomareitamme. Jumala on. Me pelkäämme Jumalaa, koska Hän on se, jolle jokaisen tulee tehdä tili. Tuo päivä ei ehkä ole niinkään kaukana. Meillä ei ole aikaa tuhlattavaksi itsekkyyteen tai ylpeyteen. Meidän on ahkeroitava Jumalan tahdon tekemisessä kaikessa nöyryydessä ja noudatettava kehotusta "vaeltakaa pelossa tämä muukalaisuutenne aika" (j. 17b). Ihmispelko johtaa syntiin ja kapinaan Jumalaa vastaan. Herran pelko varjelee meidät synnistä, ja se näkyy tavassa, jolla me elämme.

14.

JUMALAN RAKKAUS
Johannes 3:16-21

Rakkaus on kristillinen sana. Pelastumattomat ihmiset eivät todella tiedä, mitä rakkaus on, sillä he eivät tunne rakastavaa Jumalaa. Pakanat palvovat jumaliaan pelosta. Rakastava jumala on outo asia heille. Raamattu sanoo: Sillä niin on Jumala maailmaa rakastanut, että hän antoi ainokaisen Poikansa...

Ihminen ei koskaan etsi Jumalaa, vaan Jumala etsii ihmistä. Jeesus sanoi tulleensa "etsimään ja pelastamaan sitä, mikä kadonnut on" (Luuk 19:10). Ei, ihminen ei etsi Jumalaa. Ihminen piiloutuu Häneltä. Maailma, jota Jumala rakasti, on kapinoivien syntisten maailma. Jumala ei vihaa mitään niin paljon kuin syntiä, ja kuitenkin Hän rakastaa meitä! Hän antoi Jeesuksen kuolla, jotta me pelastuisimme. Maailma ei ansainnut Jumalan lahjaa. Ihmiset ovat jatkuvasti tottelemattomia ja taistelevat Jumalaa vastaan. Ihmiset eivät rakasta vihollisiaan. Kukaan isä ei ole koskaan lähettänyt ainoaa poikaansa kuolemaan vihollistensa edestä, mutta Jumala teki niin. Hänen rakkautensa on suurempi kuin meidän syntimme.

Hän ei rakastanut meitä siksi, että meissä olisi ollut jotakin kaunista. Hän ei rakastanut meitä siksi, että meissä olisi jotakin ihailtavaa. Meissä ei ole mitään kaunista tai hyvää. Hän ei rakastanut meitä hyötyäkseen meistä. Hän ei voinut saada mitään meiltä. Emme koskaan voisi maksaa Hänelle takaisin Hänen pelastuksen lahjaansa. On helppoa rakastaa henkilöä, joka on kaunis, rikas tai sellainen, joka antaa sinulle vastarakkautta, mutta Jumala ei rakastanut meitä näistä syistä. Jumalan rakkaus on osa Hänen luonnettaan. Jumala on rakkaus. Täydellinen rakkaus on rakastavan Jumalan luonnollinen ilmaisutapa.

Jumalan rakkaus ei ole vain tunteellisuutta. Hän ei vain sano, että Hän rakastaa meitä. Suuri osa tuntemastamme rakkaudesta on vain onttoa ja itsekästä rakkautta. Suurin osa ihmisistä tyytyy alempiarvoiseen rakkauden muotoon. Jumalan rakkaus on itsensä uhraavaa rakkautta. Jumalan rakkaus ilmeni toimintana. Hän antoi. Todellisen rakkauden koe on uhri. On helppoa sanoa, että rakastaa, mutta mitä teet osoittaaksesi sen?

Jumala ei rakastanut vain harvoja. Hän rakasti koko maailmaa. Jokainen meistä on arvokas Hänelle. Hän rakastaa sinua ja minua. Hän rakastaa meitä jokaista. Juutalaiset eivät voineet ymmärtää tätä ajatusta ollenkaan. He odottivat, että ensimmäiseksi teokseen, kun Hän saapuu, Messias tuhoaisi pakanoiden maailman ja perustaisi kuningaskunnan ainoastaan juutalaisille. Heille oli hyvin ahdas käsitys Jumalan rakkaudesta. Saatat kuvitella, kuinka hämmästynyt Nikodeemuksen on täytynyt olla, kun hän kuuli, että Jumala rakasti koko maailmaa. He luulivat, että Jumala rakasti vain juutalaisia. He eivät voineet kuvitellakaan, että Jumala rakasti koko maailmaa ja lähettäisi kärsivän Vapahtajan, joka toisi pelastuksen pakanoille.

Mekin voimme joskus syyllistyä rajoittamaan Jumalan rakkautta. Kun ihmiset loukkaavat meitä ja vihastuttavat meitä, me voimme luonnollisesti hyljätä heidät ja vihata heitä. Kuitenkin hän on ihminen, jota Jumala rakastaa. Tuolla henkilöllä on suuri arvo Jumalan silmissä. Tiedän, että se on vaikea teko, mutta jos me todella tunnemme Jumalan rakkauden, silloin meidän tulisi voida olla kärsivällisiä lähimmäistemme kanssa ja jakaa heidän kanssaan Kristuksen evankeliumi.

Todellinen rakkaus aina antaa. Pakanuuden jumalat saavat uhreja mutta eivät koskaan anna uhreja. Jumala rakasti maailmaa niin, että antoi ainokaisen Poikansa, ja se on kaikkein suurin lahja. Lahjan arvo osoittaa antajan rakkauden määrän. Kun on pieni lahja, silloin on vähän rakkautta; arvokas lahja merkitsee, että on paljon rakkautta; kun ei ole ollenkaan lahjaa, ei ole rakkautta.

Kun Jeesus katseli ihmisiä heidän laittaessaan rahaa temppelin uhriarkkuun, Hän sanoi, että leski, joka antoi kaksi ropoa, antoi enemmän kuin muut, sillä hän antoi kaikkensa (Luuk 21:2-4). Hän sääti uuden matemaattisen lain. Useat olivat antaneet paljon. He antoivat runsaudestaan. Herra näki kuitenkin sen, mikä oli jäänyt antamatta. Leski antoi kaikkensa. Tutki Jumalaa tämän säännön mukaisesti. Hänellä oli vain yksi Poika. Hän antoi ainokaisen Poikansa. Hän olisi voinut antaa muita tavaroita, mutta henkilöt ovat arvokkaampia kuin tavarat. Jumala antoi parastaan.

Hän antoi Poikansa kuoleman kautta. On totta, että Jeesus eli täydellisen elämän. Hän asetti meille esimerkin ja osoitti meille, millainen Jumala on. Kuitenkin Jeesuksen täytyi kuolla pelastaakseen meidät. Syntiemme palkka on kuolema. Jeesus tuli sijaiseksemme. Hän otti paikkamme ja maksoi syntimme. Ihmiset pilkkasivat ja sylkivät Jumalan lahjaa.

He kohtelivat Jeesusta kuin ketä tahansa rikollista. Hän vapaasti antoi selkänsä ruoskittavaksi. Hän alistui heidän rangaistukseensa aina kuolemaan asti.

Hänen viimeiset sanansa ristillä olivat: "Se on täytetty". Tuohon aikaan, kun ihminen tuomittiin ja lähetettiin vankilaan, hänen rikoksensa kirjoitettiin paperille ja naulattiin vankikopin seinälle. Kun hän oli kärsinyt rangaistuksensa, paperi poistettiin ja paperille leimattiin sanat: "Se on täytetty". Tämä merkitsi sitä, että velka oli maksettu. Kun Jeesus kuoli, niin Hän tarkoitti, että syntiemme velka oli täytetty. Hän maksoi sen kokonaan. Hän sanoi: "Sen suurempaa rakkautta ei ole kenelläkään, kuin että hän antaa henkensä ystäväinsä edestä" (Joh 15:13). Tuo on suurta rakkautta!

Kuka tahansa voi ottaa vastaan Jumalan pelastuksen lahjan. Ettei yksikään, joka häneen uskoo, hukkuisi, vaan hänellä olisi iankaikkinen elämä (j. 16b). Ainoa ehto on, että todella uskoo Jeesukseen. Tämä on niin yksinkertaista, että lapsikin sen ymmärtää. Jotkut uskonnot sanovat, että et voi pelastua ilman rituaaleja. Jotkut näyttävät ajattelevan, että Jumala rakasti maailmaa niin, että Hän antoi sakramentit. Näin ei ole. Pelastumisen ainoa ehto on henkilökohtainen usko Kristukseen. Se on yksinkertaista, sillä Jumala haluaa pelastaa yksinkertaisesti ajattelevia ihmisiä. Monet viisaat ihmiset eivät voi hyväksyä näin yksinkertaista evankeliumia. Jeesus sanoi: "Totisesti minä sanon teille: joka ei ota vastaan Jumalan valtakuntaa niinkuin lapsi, se ei pääse sinne sisälle" (Mark 10:15). Pelastus ei ole älykkyydestä riippuvainen asia. Se on uskon asia.

Sana sanoo, että kukaan "ei hukkuisi." Tämä osoittaa, että kaikki ovat hukkumassa ja kaikkien tulee pelastua synnistä ja helvetistä. Jumalan pelastussuunnitelman tarkoitus on pelastaa ihmiset hukkumasta ja antaa heille iankaikkinen elämä.

Kenenkään ei nyt tarvitse hukkua. Kuka tahansa voi uskoa Kristukseen ja pelastua. Pelastuksen hinta on sama rikkaalle ja köyhälle. Pelastus on ilmainen. Sinun tulee vain uskoa Kristukseen, ja sinä et huku vaan saat iankaikkisen elämän. Tämä on suurin lupaus, joka koskaan on annettu.

Rakkaus on mahtava voima. Jumalan rakkaus lähetti Jeesuksen kärsimään kuoleman jokaisen puolesta joka käänty hänen luokseen. Jumalan rakkaus valloitti synnin maailman. Kuinka tärkeitä sielujen täytyykään olla Jumalalle! Hän antoi niin paljon! Se osoittaa, kuinka arvokkaita olemme Hänelle, kun Hän lähetti ainokaisen Poikansa pelastamaan meidät.

Kun ymmärrämme Jumalan rakkauden ja näemme Hänen lahjansa, me olemme velvolliset vastaamaan uskomalla Hänen Poikaansa. Tämä pelastuksen lahja on rajoitettu niille, jotka uskovat. Jos suurinta rakkautta oli se, kun Jumala antoi ainokaisen Poikansa, niin silloin suurin synti on hyljätä Hänen lahjansa. Jos tietäisit, kuinka paljon Jumala sinua rakastaa, niin sinä ottaisit vastaan lahjan, jota Hän sinulle tarjoaa. Sinä voit uskoa Kristukseen ja pelastua tänään.

Sillä ei Jumala lähettänyt Poikaansa maailmaan tuomitsemaan maailmaa, vaan sitä varten, että maailma hänen kauttansa pelastuisi (j. 17). Kun maailman tila oli se, mikä oli, olisi sopinut odottaa tuomiota. Kuitenkin Jumala etsi kadotettua maailmaa. Ihmiset eivät koskaan etsisi Jumalaa, joten Jumalan täytyi etsiä heitä. Tämä oli Jumalan suunnitelma iankaikkisuudesta lähtien. Hän halusi osoittaa rakastavan hyvyytensä. Meidän ei tarvitse tehdä enempää syntiä tullaksemme tuomituiksi. Joka ei usko, se on jo tuomittu (j. 18). Sinun täytyy vain jatkaa oloasi vanhaan malliin. Olet jo tehnyt tarpeeksi pahaa ansaitaksesi ikuisen tuomion. Jos käännyt synneistäsi ja uskot Kristukseen, Hän ottaa tuomiosi. Jos et henkilökohtaisesti ota Kristusta vastaan Vapahtajanasi, niin silloin maksat omista synneistäsi ikuisesti helvetissä.

Seuraavat kaksi jaetta osoittavat ihmisen luonteen: Mutta tämä on tuomio, että valkeus on tullut maailmaan, ja ihmiset rakastivat pimeyttä enemmän kuin valkeutta; sillä heidän tekonsa olivat pahat. Sillä jokainen, joka pahaa tekee, vihaa valkeutta eikä tule valkeuteen, ettei hänen tekojansa nuhdeltaisi (j. 19-20). Syy, miksi jokainen ei usko ja pelastu, on yksinkertainen. Ihmiset rakastavat syntejään. He vihaavat totuutta, jonka Jumala antaa, ja hylkäävät pelastuksen, jota Hän tarjoaa. Jos ihmiset ovat jo tuomion alla, niin entäs me, jotka kuulemme Jumalan rakkaudesta ja Vapahtajasta, jonka Hän lähetti? Mitä luulet Jumalan tekevän niille, jotka kuulevat evankeliumin ja silti hylkäävät sen? He ovat kaksinkertaisen tuomion alaisia. Sinä olet velvollinen toimimaan, kun Jumala ilmoittaa sinulle totuuden. Jumalan rakkaus ja kärsivällisyys on suuri, mutta Hän pelastaa vain ne, jotka kääntyvät synnistä ja uskovat Kristukseen.

Vaikka tuntuu niin helpolta uskoa Kristukseen ja pelastua, niin harvat tekevät näin. Loppujen lopuksi vain suhteellisen harvat tulevat valkeuteen. Mutta joka totuuden tekee, se tulee valkeuteen, että hänen tekonsa tulisivat julki, sillä ne ovat Jumalassa tehdyt (j. 21). On joitakin, jotka tulevat Kristuksen luokse. Sinä voit olla yksi heistä. Sinä voit uskoa Kristukseen. Jokainen, joka haluaa tulla ja pelastua, voi tulla vapaasti. "...ettei yksikään, joka häneen uskoo, hukkuisi, vaan hänellä olisi iankaikkinen elämä" (j. 16b).

15.

ELÄMÄN LEIPÄ
Johannes 6:30-44

Jeesus sanoi: "Minä olen elämän leipä" (j. 35). Samalla tavalla kuin sinun täytyy syödä ruokaa elääksesi, samalla tavalla tarvitset Jeesusta Kristusta saadaksesi iankaikkisen elämän. Kuten ruoka tyydyttää ruumiin, samoin Jeesus tyydyttää sielun.

Jeesus saarnasi tämän saarnan sille yli 5000 ihmistä käsittävälle joukolle, jonka Hän oli ruokkinut edellisenä päivänä. Jeesuksen tapana oli aina saarnata sen jälkeen, kun Hän oli tehnyt ihmeen. Viidentuhannen ruokkiminen valmisti näyttämöä tälle saarnalle elämän leivästä. Ihme tarvitsee selityksen. Joukko piti ilmaisesta leivästä, mutta he eivät pitäneet saarnasta, joka seurasi. Epäuskoiset eivät koskaan pidä raamatullisesta saarnaamisesta.

Jakeissa 30-31 joukko vaati Jeesukselta ihmettä sen osoitukseksi, että Hän oli se, jonka Jumala oli lähettänyt. He sanoivat: "Minkä tunnusteon sinä sitten teet, että me näkisimme sen ja uskoisimme sinua?" Tämä oli se sama valheopetuslasten joukko, joka edellisenä päivänä näki Jeesuksen luovan leipää ja sitten halusi väkivalloin tehdä Hänestä heidän kuninkaansa. He olivat nähneet Jeesuksen parantavan sairaat. He olivat nähneet Jeesuksen tekevän leipää, ja nyt he vaativat toista merkkiä. Kuinka naurettavaa! Jos lähestyt epäuskoisia merkkien ja ihmeiden kanssa, he eivät koskaan tule vakuuttuneiksi. Epäuskoisille ei ole koskaan riittävästi merkkejä. He vaativat aina enemmän todisteita. Jos he kieltäytyvät uskomasta Jeesukseen, mitkään todisteet eivät tule vakuuttamaan heitä.

He uskoivat ihmeeseen, kun Jeesus teki leipää. He jopa haastoivat Häntä tekemään enemmän. He viittasivat siihen, kuinka Mooses ruokki israelilaisia mannalla, kun he vaelsivat erämaassa neljäkymmentä vuotta. He sanoivat käytännössä: "Sinä Jeesus ruokit meitä yhtenä päivänä, mutta Mooses ruokki kansaa neljäkymmentä vuotta. Jos olet todella se, joksi sanot itseäsi, niin päihitä Mooses." He halusivat hyvinvointivaltion ilmaisen leivän kera loppuelämäkseen. He luulivat, että he voivat ottaa Jeesuksen ilmaisen leivän ja hyljätä Hänen opetuksensa. On totta, että Jumala voi siunata sinua monella tapaa ilman, että uskot Kristukseen, mutta ne ovat vain väliaikaisia siunauksia. Jeesus ei tullut antaakseen meille ilmaista leipää; Hän tuli antamaan verensä ostaakseen meidät vapaaksi synnin orjamarkkinoilta. Jos et usko Häneen, niin kuolet ja menet helvettiin huolimatta siitä, miten hyvin syöt maan päällä. He tekivät joitakin virheitä ajattelussaan, kun he viittasivat Moosekseen erämaassa (j. 32-33). Ensinnäkin Mooses ei antanut heille leipää vaan Jumala. Mooses ainoastaan järjesti leivän keruun ja jaon. Toisaalta manna ei ollut oikea leipä taivaasta. Manna riitti ainoastaan yhden päivän ajan. Jeesus on oikea leipä. Manna ei myöskään antanut iankaikkista elämää. Heidän isänsä olivat kaikki kuolleet erämaassa (j. 49). Eikä oikea leipä ole ainoastaan Israelia varten vaan koko maailmaa varten. Epäuskoiset näyttävät aina tuntevan sen verran Raamattua, että he päätyvät väärään johtopäätökseen. Joka tapauksessa se leipä, josta Jeesus puhui, vaikutti heistä hyvältä. Jakeessa 34, he sanoivat: "Herra, anna meille aina sitä leipää." He vieläkin ajattelivat tavallista leipää. He olivat hyvin pettyneitä Jeesuksen vastaukseen. Hän sanoi: "Minä olen elämän leipä; joka tulee minun tyköni, se ei koskaan isoa, ja joka uskoo minuun, se ei koskaan janoa" (j. 35). Tärkeät sanat ovat "tulee" ja "uskoo". Jos haluat syödä todellista leipää, sinun täytyy tulla Jeesuksen luokse ja uskoa Häneen. Hän on se leipä, joka tuo iankaikkisen elämän. Jeesus ruokkii ne sielut, jotka janoavat totuutta ja pelastusta.

Tämä joukko ei uskonut. Jeesus sanoi heille: "Te olette nähneet minut, ettekä kuitenkaan usko"(j. 36). Niin monet ihmiset ajattelevat, että he uskoisivat, jos he vain voisivat nähdä Jeesuksen. Näkeminen ei saa aikaan pelastavaa uskoa. Tuhannet ihmiset näkivät Jeesuksen tekevän ihmeitä eivätkä uskoneet Häneen. Jos et usko Jeesuksen sanoja sellaisina kuin ne ovat kirjoitetut Raamattuun, niin silloin et myöskään uskoisi, jos näkisit Hänet henkilökohtaisesti. Todellinen usko ei perustu näkemiseen vaan Jumalan Sanaan. Raamattu on varmempi todistus kuin se, että näkisit omilla silmilläsi. Jos et usko Jumalan Sanaa, niin silloin mikään ei vakuuta sinua, ei edes Jeesuksen ylösnousemus silmiesi edessä (Luuk 16:31).

Jeesus ei tehnyt enempää ihmeitä heille. He olivat nähneet niitä jo tarpeeksi. Uudet ihmeet eivät auttaisi. Hän ei kerjännyt heitä uskomaan. Niiden mahdollisuuksien jälkeen, joita heillä oli ollut, Hän tiesi, että he eivät koskaan uskoisi, huolimatta siitä kuinka monta ihmettä Hän tekisi. Kun henkilö kieltäytyy uskomasta selvään evankeliumiin, on ajan haaskausta yrittää vakuuttaa häntä järkiperäisillä väitteillä ja viisastelemalla. Tarjoa heille totuutta rakkaudessa. Rukoile heidän puolestaan ja ole kärsivällinen heidän kanssaan, mutta älä tule lannistuneeksi, jos he eivät koskaan usko. Meidän etuoikeutemme on julistaa evankeliumia. On toisia, jotka kuuntelevat ja uskovat.

Loppujen lopuksi ainoastaan ne, jotka Jumala antaa, tulevat Jeesuksen luokse. "Kaikki, minkä Isä antaa minulle, tulee minun tyköni; ja sitä, joka minun tyköni tulee, minä en heitä ulos" (j. 37). Sitten Hän sanoi: "Ei kukaan voi tulla minun tyköni, ellei Isä, joka on minut lähettänyt, häntä vedä; ja minä herätän hänet viimeisenä päivänä" (j. 44). Nämä ihmiset eivät mitenkään voineet tulla Jeesuksen luokse, sillä Isä ei ole heitä antanut. Jumala valitsee jotkut meistä ja antaa meidät lahjana Pojalle. Me emme valitse Jumalaa; Hän valitsee meidät. Ne, jotka ovat valittuja ja annettu Kristukselle, tulevat ja ovat turvassa. Heitä ei voida koskaan heittää ulos eivätkä he voi koskaan eksyä pois.

Jotkut ihmiset pelkäävät tätä opetusta. He ajattelevat, että jos ihmiset uskovat Jumalan olevan se, joka valitsee, niin silloin meille ei jää mitään tehtävää. Tavallaan tämä on totta. Et voi tehdä mitään pelastuaksesi. Kristus teki jo kaiken ristillä. Meidän täytyy uskoa. Jos pelastus olisi meidän varassamme, niin me kaikki hukkuisimme. Jumala on armossaan valinnut pelastaa joitain. He kaikki myös tulevat ja uskovat. Mikään ei voi estää sitä. Kaikki ovat silti täysin vastuussa synneistään ja epäuskostaan. Tämä on Jumalan suunnitelma. Älä kysy minulta miksi. En minä tiedä. Se on eräs niistä salaisuuksista, joita ei ole täysin paljastettu. Älä koskaan sano, että Jumala on epäoikeudenmukainen. Jumala tekee kaiken aina hyvin ja oikeudenmukaisesti.

Ihminen luulee, että hänellä on vapaa tahto, mutta hänellä ei ole. Ihmisen tahto on täydellisesti syntisen luonnon orjuuttama. Raamattu sanoo, että kukaan ei etsi

Jumalaa (Room 3:11). Jotta ihminen pelastuisi, Jumalan täytyy etsiä häntä. Ennen pelastumistani luulin, että etsin Jumalaa. Nyt tiedän, että se oli Jumala, joka etsi minua. Inhimillisestä näkökulmasta katsottuna ihmisen tulee käyttää tahtoaan ja uskoa Kristukseen. Jumalan näkökulmasta katsottuna asia oli ratkaistu jo kauan sitten. Jumala ei valitse ketään menemään helvettiin. Hän vain ei valitse heitä pelastumaan. He menevät helvettiin automaattisesti, sillä he ovat syntisiä. Syntiset ovat täysin vastuussa synnistään. Jumala silti rakastaa kaikkia ja tarjoaa pelastusta kaikille, mutta pelastaa vain ne, jotka Hän on valinnut.

Kaikki ne, jotka haluavat tulla ja uskoa Kristukseen, voivat tulla, mutta ne haluavat tulla vain sen vuoksi, että Jumala vetää heitä (j. 44). Kaikki ne, jotka Jumala valitsee ja vetää, lopulta tulevat. Tämä merkitsee sitä, että jos Jumala vetää sinua, niin sinun on pakko tulla. On vastoin luontoamme tulla Kristuksen luokse. Et voi kuitenkaan vastustaa Jumalan tahtoa ikuisesti (j. 40).

Minusta on lohdullista tietää, että Jumala on kaikkivaltias pelastuksessa. Se merkitsee sitä, että minun ei tarvitse masentua silloin, kun saarnaan evankeliumia ja kukaan ei ota sanomaa vastaan. Se merkitsee sitä, että syntisiä ei käännytetä minun taidollani tai viisaudellani vaan Jumalan tavoitteen mukaisesti. Se merkitsee sitä, että vaikka olen heikko ja rajallisuuden rasittama, niin silti Jumala voi käyttää minua. Minun velvollisuuteni on saarnata evankeliumia. Kukaan ei voi pelastua kuulematta, että Jeesus kuoli syntiemme tähden ja nousi haudasta. Minä en kuitenkaan ole vastuussa siitä, että vakuutan ihmiset tai saan heidät uskomaan Kristukseen. Vain Jumala voi tchdä sen. Vain Jumala voi pelastaa syntisen.

"Niin juutalaiset nurisivat häntä vastaan, koska hän sanoi: Minä olen se leipä, joka on tullut alas taivaasta" (j. 41). Epäuskoiset aina nurisevat, kun joutuvat kasvotusten Kristuksen väitteiden kanssa. Jos Jeesus tuli alas taivaasta, kuten Hän väitti: "Sillä minä olen tullut taivaasta" (j. 38), niin se merkitsee, että Hän on Jumala ja että Hän on neitseestä syntynyt. He eivät voineet uskoa tätä. He sanoivat: "Eikö tämä ole Jeesus, Joosefin poika, jonka isän ja äidin me tunnemme?" (j. 42). He olivat täysin väärässä Jeesuksen Kristuksen henkilöllisyyden suhteen. He yrittivät tehdä Hänestä muiden ihmisten kaltaisen. He olivat väärässä. Joosef ei ollut hänen isänsä. He luulivat, että Jeesus oli vain suuri mies. Suurin osa ihmisistä tänään sanoo samaa. Jeesus on paljon enemmän kuin vain suuri ihminen. Suurmiehet eivät vuodata vertaan vihollistensa edestä. Suurmiehet eivät kuole maailman syntien edestä ja nouse kuolleista kolmantena päivänä. Jeesus on paljon enemmän kuin vain suuri ihminen. Hän on taivaan leipä. Jeesus ei yllättynyt nähdessään tämän joukon hylkäävän Hänet. Jeesuksen edessä oli noin 15000, jotka eivät uskoneet. Hänen takanaan oli 12, jotka uskoivat, ja yksi heistä oli teeskentelijä. Lopulta vain harvat pelastuvat.

En ansainnut pelastusta. Kukaan ei ansaitse. Kuitenkin olen kiitollinen, että olen yksi niistä jotka Jumala valitsi uskomaan. Ehkä sinäkin olet. Jos et ole varma, niin pyydän sinua lopettamaan Kristuksen hylkäämisen ja uskomaan Herraan Jeesukseen koko sydämestäsi juuri nyt. Sinun on käännyttävä hänen puoleen. Olet täysin vastuussa omista synneistäsi. Jos tunnustat, että olet kadotettu syntinen ja uskot, että Jeesus vuodatti verensä ja kuoli syntiesi vuoksi pelastaakseen sinut palavasta helvetistä, niin usko silloin Kristukseen henkilökohtaisena Vapahtajanasi juuri nyt. Hän pelastaa sinut: "Sillä minun Isäni tahto on se, että jokaisella, joka näkee Pojan ja uskoo häneen, on iankaikkinen elämä; ja minä herätän hänet viimeisenä päivänä" (j. 40).

16.

ELÄVÄ KULMAKIVI
1 Pietari 2:4-8

Isäni oli muurari ja kivityöurakoitsija. Nuorena miehenä autoin rakentamaan monia taloja, perustuksia ja tulisijoja. Se oli ankaraa työtä. Meidän täytyi käsitellä tiiliä, sementtijärkäleitä ja kiveä. Sekoitin suuret määrät sementtiä ja kannoin paljon raskaita kiviä. Eräs velvollisuuksistani oli käydä kivilouhimolla keräämässä rakennuskiviä. Tämä oli yksi vaikeimmista tehtävistäni. Muurarit halusivat aina kulmakiviä. Ne olivat parhaita rakentamiseen. Muistan viettäneeni monet pitkät tunnit kuumassa auringossa murskaamassa kivenjärkäleitä ja kääntämässä lohkareita löytääkseni hyviä rakennuskiviä. Sitten lastasimme ne käsin kuorma-autoon ja kuljetimme ne rakennustyömaalle.

Rakennustyömaalla kippasimme kuorman ja levitimme kivet hajalleen, jotta muurarit voisivat valita haluamansa kivet. Ensimmäinen kivi, mikä heidän täytyi valita, oli kulmakivi. Heillä oli vaakituskojeensa kolmijalalle pystytettynä ja narunsa tiukalle pingotettuina perustuksen toisesta päästä toiseen osoittamassa, mihin seinät rakennettaisiin. He harkitsivat hyvin tarkkaan, mihin ensimmäinen kivi asetettaisiin. Ensimmäinen kivi oli kulmakivi. Se kivi oli huolellisesti valittu. Se oli asetettava täsmälleen oikeaan kulmaan, koska koko rakennus linjattaisiin sen mukaan. Miehillä oli mittakeppinsä ja välineensä esillä. Joskus he saattoivat asettaa kiven paikoilleen vain joutuakseen hetken päästä repimään sen irti, koska se ei ollut täsmälleen oikein asetettu. Aina näytti tulevan viivytyksiä tuon ensimmäisen kiven saamisessa juuri oikein kohdalleen. Sitten kun pääkulmakivi oli paikoillaan, muurarit pystyivät etenemään reippaasti. Kaikki riippui tuosta ensimmäisestä kulmakivestä.

Lähi-idässä melkein kaikki rakennukset tehtiin kivestä. Suurin osa rakentamisesta tapahtuu siellä vielä tänäänkin kivestä. Israel on hyvin kivinen maa. Kuuma, kuiva ilmasto vaikeuttaa puiden kasvua siellä, joten puun käyttö rakennusmateriaalina on rajoitettua. He rakentavat pääasiassa kevyestä kalkkikivestä. Ennen vanhaan heillä ei ollut sementtiä kuten meillä nykyisin on. Kivet hakattiin sopimaan täydellisesti yhteen toistensa kanssa. Kivien paino piti ne paikoillaan hämmästyttävän hyvin. Nuo rakennukset ovat taideteoksia muurarin näkökulmasta. Ne kestävät vuosisatoja.

Uusi testamentti käyttää monia havaintokuvia Kristuksesta ja Hänen seurakunnastaan. Esimerkiksi, Hän on Hyvä paimen ja me olemme lauma. Hän on pää ja me olemme ruumis. Eräs rikas havaintoesimerkki Kristuksesta on kulmakivi rakennuksessa. Sillä Raamatussa sanotaan: "Katso, minä lasken Siioniin valitun kiven, kalliin kulmakiven; ja joka häneen uskoo, ei ole häpeään joutuva" (j. 6). Tämä on kuva rakennuksesta. Rakennus on temppeli palvontaa varten. Kristus on kuin kulmakivi. Kaikki muut kivet linjautuvat Hänen mukaansa.

Tässä on tapahtumapaikka - katselemme

juutalaisten temppelin rakennustyömaata. Se on tärkein rakennus Israelissa. Linjanuorat merkitsevät paikkoja, joille seinät tulevat kohoamaan. Maassa makaa paljon rakennuskiviä. Muurarit valmistautuvat täyttä päätä asettamaan ensimmäisen kiven kohdalleen. Heidän täytyy löytää kulmakivi. He etsivät hyvin tarkkaan. He kääntävät ja tarkastelevat harkiten jokaista kiveä. He mittaavat ne ja arvioivat niiden sopivuutta.

Rakentajat ovat Israelin uskonnollisia johtajia. Jumalan kulmakivi on yksi heidän edessään olevista kivistä, mutta he eivät tunnista sitä. He mittaavat sen kaikkien muiden kivien mukana ja kulkevat eteenpäin. He kompastuvat siihen siirtyessään eteenpäin. He tulevat takaisin tutkimaan uudelleen kulmakiveä monta kertaa, mutta joka kerran he päättävät, ettei se ole sopiva. Ei, ei, se ei ole oikean muotoinen tai kokoinen! Lopulta he päätyvät siihen, että tuo kivi on kaikista kivistä sopimattomin. He hylkäävät sen täysin.

Tuo kivi on Jeesus. Israelin johtajat etsivät Messiastaan. Heillä oli mielessään, mitä etsiä. He halusivat valloittaja-kuninkaan. He halusivat sellaisen, joka tulisi vapauttamaan heidät roomalaisista ja perustamaan loistavan valtakunnan. He olivat niin varmoja siitä, mitä heidän piti odottaa! Jeesus ei ollut Hän. He arvioitsivat Jeesuksen ja havaitsivat Hänet sopimattomaksi. Hän oli köyhä ja alhainen. Hänellä ei ollut edes armeijaa, vain joukko sivistymättömiä opetuslapsia. He olivat kuulleet Hänen saarnaavan joukoille. Tekihän Hän toki joitakin ihmeitä, mutta Hän rikkoi heidän sapattilakejaan. Jeesus ei voinut olla se, jota he etsivät. Hän ei läpäissyt heidän testiään. Hän jopa nuhteli heitä ja nöyryytti heitä julkisesti. Ei, ei, heidän Messiaansa palkitsisi heidät ja antaisi heille kunniasijat valtakunnassaan. Harkittuaan Jeesusta huolellisesti he torjuivat Hänet täydellisesti. Hänen nimensä täytti heidät halveksunnalla. Heidän mielestään oli mahdotonta ajatella, että Jeesus voisi olla Messias.

Mutta Jumala tarkasteli myös Häntä. Teille siis, jotka uskotte, se on kallis, mutta niille, jotka eivät usko, "on se kivi, jonka rakentajat hylkäsivät, tullut kulmakiveksi" ja "kompastuskiveksi ja loukkauskallioksi." Koska he eivät tottele sanaa, niin he kompastuvat; ja siihen heidät on pantukin (j. 7-8). Jumala tarkasteli Jeesusta ja teki Hänestä juuri sen kulmakiven. Jumala valitsi Hänet ainoaksi oikeaksi kiveksi. Hän oli kaikin tavoin täydellinen. Joten vaikka ihmiset hylkäsivät Hänet ja Hänet ristiinnaulittiin, Jumala nosti Hänet kuolleista. Nyt Hän on "elävä kulmakivi."

Tässä näemme ihmisten typeryyden, erityisesti uskonnollisten johtajien. Ihmiset arvioivat väärin hengellisiä arvoja. Ihmisillä on omat mittakeppinsä ja mittapuunsa, mutta ne ovat epätarkkoja. Ihmiset hylkäävät edelleen Jeesuksen, koska Hän ei täytä heidän mittojaan. Miten typerää! He eivät tahdo nöyrää, kärsivää Vapahtajaa. He tahtovat menestyvän johtajan, joka antaa heille vaurautta ja mainetta. Mutta tämän maailman mittapuiden mukainen menestys on väärä tavoite. Maailma halveksii sitä, minkä Jumala on valinnut, ja rakastaa sitä, mitä Jumala vihaa. Ihmisten arvot ovat Jumalan arvojen vastakohta. Se, mitä maailma haluaa, on kauhistus Jumalalle; ja se, mitä Jumala arvostaa, on kauhistus maailmalle. Oletko varma siitä, että haluat tämän maailman ihailua!

Eräs usein esitetyistä arvosteluista palvelutyötämme kohtaan on, ettei se ole suosittua. Siihen ei liity tarpeeksi ihmisiä. He sanovat: "Jos tekisimme Jumalan työtä, nauttisimme suurempaa menestystä." Ihanko totta? Kun ihmiset pakotettiin valitsemaan Jeesuksen ja Barabbaan välillä, kenet he valitsivat? He valitsivat päästää Barabbas vapaaksi ja surmata Jeesus (Matt 27:20). Kuollessaan Jeesuksella ei ollut paljon kannattajia, ei ainakaan sellaisia, jotka uskalsivat tulla esiin julkisesti. On helppoa kiivetä sananparren mukaisesti menestyvän yrityksen "siivelle." On aivan toinen asia tehdä sitä, mikä on oikein Jumalan silmissä. Tässä maailmassa meitä tullaan aina pitämään halpa-arvoisina. Mutta me emme etsikään heidän hyväksyntäänsä.

Emme useinkaan ajattele elämää ajatellessamme kiviä. Ei ole mitään kuolleempaa kuin kivi. Meillä on jopa sanontoja kuten "kuollut kuin kivi." Mutta tämä kulmakivi on elävä. Jeesus on "elävä" kivi. Jeesus nousi kuolleista. Hän oli ihmisten hylkäämä mutta Jumalan hyväksymä. Hänestä tuli elävä kulmakivi. Kun tulemme Jeesuksen tykö uskossa, meistäkin tulee "eläviä kiviä." Ja tulkaa hänen tykönsä, elävän kiven tykö, jonka ihmiset tosin ovat hyljänneet, mutta joka Jumalan edessä on valittu, kallis, ja rakentukaa itsekin elävinä kivinä hengelliseksi huoneeksi, pyhäksi papistoksi, uhraamaan hengellisiä uhreja, jotka Jeesuksen Kristuksen kautta ovat Jumalalle mieluisia (j. 4-5). Me olimme kerran kuolleita kuin kivet, kuolleita synnissä. Mutta tullessamme Jeesuksen, Vapahtajamme luokse, meidät tehdään eläviksi. Meille annetaan ylösnousemuselämä. Meistä tulee "eläviä kiviä" Jumalan hengelliseen huoneeseen. Me tulemme "jumalallisesta luonnosta osallisiksi" (2 Piet 1:4).

Meidät liitetään Jumalan hengelliseen huoneeseen henkilökohtaisen uskon kautta Herraan Jeesukseen Kristukseen. Sillä Raamatussa sanotaan: "Katso, minä lasken Siioniin valitun kiven, kalliin kulmakiven; ja joka häneen uskoo, ei ole häpeään joutuva" (j. 6). Israelin uskonnolliset johtajat eivät uskoneet Häneen. Mutta me, jotka uskomme, emme ole joutuva häpeään.

Vanhan testamentin jumalanpalvelus keskittyi maalliseen temppeliin. Ihmisten täytyi matkustaa kilometrikaupalla palvomaan Jerusalemin temppelissä. Uuden testamentin jumalanpalvelus ei riipu maallisesta temppelistä. Meidät, jotka uskomme, on tehty hengelliseksi huoneeksi. "Niin ette siis enää ole vieraita ettekä muukalaisia, vaan te olette pyhien kansalaisia ja Jumalan perhettä, apostolien ja profeettain perustukselle rakennettuja, kulmakivenä itse Kristus Jeesus, jossa koko rakennus liittyy yhteen ja kasvaa pyhäksi temppeliksi Herrassa; ja hänessä tekin yhdessä muitten kanssa rakennutte Jumalan asumukseksi Hengessä" (Ef 2:19-22). Jeesus on kulmakivi. Apostolit ja Uuden testamentin profeetat ovat perustus, ja me olemme eläviä kiviä Jumalan hengellisessä temppelissä.

Yksi valtionuskonnon ja korkeakirkollisuuden kohtalokkaista virheistä on "temppelimentaliteetti." He rakentavat kauniita katedraaleja ja sanovat: "Tämä on Herran huone." Ei. Se ei ole Herran huone. "Korkein ei kuitenkaan asu käsillä tehdyissä huoneissa..." (Apt 7:48). Uskovat ovat Jumalan hengellinen huone (Heb 3:6). Jumala asuu meissä. "Vai ettekö tiedä, että teidän ruumiinne on Pyhän Hengen temppeli, joka Henki teissä on ja jonka te olette saaneet Jumalalta, ja ettette ole itsenne omat?" (1 Kor 6:19). Väärä uskonto palvoo maallisissa temppeleissä. Heidän uskontonsa on yhtä kuollut kuin heidän temppeleidensä rakennuskivet. Ilman Kristusta olevat ihmiset ovat hengellisesti yhtä kuolleita kuin kivet. Jos olet sellainen, joka tarvitsee maallista temppeliä, siinä on sitten kaikki, mitä sinulla on. Mutta uskovat tehdään eläviksi Kristuksessa. Me olemme Jumalan todellinen seurakunta, jotka on tehty eläviksi uskon kautta Kristukseen. Jumala asuu meissä.

Maailma tulee hylkäämään meidät ja solvaamaan meitä. He hylkäsivät Jeesuksen, kalliin kulmakiven. Elleivät he nähneet Hänessä mitään arvoa, silloin he eivät tule näkemään mitään arvoa Jumalan todellisessa kansassakaan. Pietarin yleisössä olevat veljet kärsivät jo vainoa. Tuo sama vaino on jatkunut kautta vuosisatojen. Väärä uskonto johtaa aina Jumalan todellista seurakuntaa vastaan kohdistuvaa vainoa. Heillä on kaikki maalliset edut. Heillä on temppelinsä, oma papistonsa, omat jumalanpalveluksensa. Se on maailman mittapuun mukaan hyvin menestyvää. He sanovat palvovansa Jumalaa, mutta niin sanoivat myös juutalaisten johtajat. He näyttävät nyt menestyvän, mutta se on vain väliaikaista. Lopulta me tulemme voittamaan. Meillä on voitto Jeesuksessa Kristuksessa, Vapahtajassamme. Hän on kulmakivi, joka ei järky. Hän on luja kuin kallio, ja niin olemme mekin. Me olemme lujia Hänessä.

17.

JUMALALLE ELÄMINEN
Roomalaiskirje 6:11-14

Kun Jeesus herätti Lasaruksen kuolleista, tämä tuli ulos haudasta päästä varpaisiin käärinliinoihin käärittynä. Jeesus sanoi ympärillä seisoville: "Päästäkää hänet ja antakaa hänen mennä" (Joh 11:44). Tässä meillä on hyvä vertauskuva uskovan tilasta kääntymisen eli uskoontulon hetkellä. Hän on hengellisesti täysin elossa mutta vielä katoavaisen lihansa sitoma. Uskovan täytyy elää koko elämänsä maan päällä katoavaisen lihansa "käärinliinoissa". Hän kamppailee koko elämänsä ajan lunastamattoman ruumiinsa kanssa, joka pyrkii jatkuvasti hallitsemaan häntä ja viemään hänet takaisin synnin ja Saatanan valtaan.

Tarkastelemamme teksti esittää kolme tapaa voittaa synti. Ensiksikin Kristukseen uskovan täytyy pitää itsensä synnille kuolleena mutta Jumalalle elävänä. Niin tekin pitäkää itsenne synnille kuolleina, mutta Jumalalle elävinä Kristuksessa Jeesuksessa (jae 11). "Pitää" (kr. logizomai) tarkoittaa kirjaimellisesti laskea tai numeroida jotakin. Tässä sitä käytetään tarkoittamaan totuuden vahvistamista tai jonkin varmana pitämistä. Kristukseen uskova on kuollut pois synnistä. Hän voi pitää sitä tosiasiana. Hän myös elää Jumalalle. Hän voi hyväksyä sen ja pitää sitä tosiasiana. Kristityn ensimmäinen askel elämässään Jumalalle on hänen uuden identiteettinsä ymmärtäminen kristittynä. Uskova on uusi luomus Kristuksessa. Hän on kuollut pois synnistä ja elää Jumalalle. Se on tosiasia. Meidän tulee vakuuttua tästä ja painaa se sydämiimme.

Aina ei ole helppoa pitää itseään synnille kuolleena jokapäiväisessä elämässä. Pääasiassa siksi, että houkutus syntiin on niin todellinen. Ja meidän epäonnistumisemme vastustaa kiusauksia on jatkuva muistutus siitä, että vielä emme ole päässeet eroon synnin vaikutuksesta. Kamppailu syntiä vastaan on alituinen ongelmamme. Tämä on ilmeisessä ristiriidassa sen totuuden kanssa, että olemme totisesti kuolleet pois synnistä. Mutta se on sisäinen ihmisemme, joka on kuollut pois synnistä. Ongelma on lunastamaton lihamme. Elämme katoavaisessa ruumiissa, joka on edelleenkin altis houkutuksille ja synnille.

Vastustin ennen sitä, että synti hyökkäisi ainoastaan lihan kautta, koska voimme tehdä syntiä mielissämmekin. Mutta mieli kuuluukin lihaan. Kaikki inhimilliset halut ja himot vaikuttavat mielen kautta, joka on osa lunastamatonta, kuolevaista ruumista.

Toiseksi, uskovan täytyy aktiivisesti vastustaa syntiä. Älköön siis synti hallitko teidän kuolevaisessa ruumiissanne, niin että olette kuuliaiset sen himoille (j. 12). Ei valitettavasti riitä, että tiedät ja vakuutut omasta kuolemastasi synnille ja elämästäsi Jumalalle. Olemme velvollisia vastustamaan syntiä. Ellemme vahvista tahtoamme ja vastusta syntiä aktiivisesti, se voi hallita kuolevaisissa ruumiissamme. Taistelu syntiä vastaan käydään uskovan kuolevaisen ruumiin kautta. Se on lunastamaton osa meitä. Uskovan kuolematon sielu elää Jumalalle ja on synnin vaikutuksen ulottumattomissa. Ainoa jäljellä oleva sillanpää, jonka kautta synti voi hyökätä, on uskovan kuolevainen ruumis. Niin kauan kuin uskova elää, hän kohtaa taistelun syntiä vastaan lihansa kautta. Tämä taistelu tulee jatkumaan joka päivä niin kauan kuin hän elää maan päällä.

Olen eri mieltä niiden kanssa, jotka sanovat: "Antaudu vain Jumalalle, niin synti ei pääse vaikuttamaan sinussa." Se on passiivinen näkemys kristillisestä elämästä. He ajattelevat ilmeisesti, että kaikki kristityn yritykset vastustaa syntiä ovat "lihasta" ja tuomitut epäonnistumaan. Minusta siinä ei ole mitään mieltä. Meidän täytyy vastustaa syntiä kaikin voimin. Paavali sanoi: "Vaan minä kuritan ruumistani ja masennan sitä, etten minä, joka muille saarnaan, itse ehkä joutuisi hyljättäväksi" (1 Kor 9:27). Meidän on otettava hallinta lihallisista himoistamme eikä annettava niiden hallita meitä.

Monet uskovat ovat kovin tietämättömiä Saatanan tavoista toimia. He ilmeisesti luulevat olevansa immuuneja synnille, koska ovat pelastettuja. He antavat itselleen vapauksia, jotka asettavat heidät alttiiksi vaarallisille kiusauksille. Kiusauksen voittaminen kerran ei tarkoita, että olisi tullut immuuniksi sille. Kristityn on parasta ryhtyä käytännön toimiin välttääkseen syntiin houkuttelevia tilanteita. Jos et tee niin, leikit tulella. Ennemmin tai myöhemmin poltat itsesi. Tiedän, että on kiusauksia, joille tulemme aina olemaan alttiita tässä maailmassa, emmekä voi välttää kaikkia kiusauksia. Uskovan täytyy kuitenkin paeta kompromisseihin johtavia tilanteita. Jos hän ei sitä tee, hän saattaa pian huomata synnin hallitsevan kuolevaista ruumistaan.

Esimerkiksi entisen alkoholistin, joka on pelastunut, ei pitäisi koskaan mennä kapakkaan puhumattakaan "ruokaviinin" tai "saunakaljan" juomisesta. Hän on kuollut pois synnistä ja elää Jumalalle, mutta hänen lunastamaton lihansa kyllä nauttisi ryypystä. Neuvoni on, että hänen ei pidä mennä yhteenkään kapakkaan. Entisen uhkapelurin ei pidä lyödä vetoa, ei pienimmässäkään määrin. Ensimmäinen rintama syntiä vastaan on houkutusten karttaminen.

Kiusaukset yllättävät meidät jostain päin joka tapauksessa. Kun kohtaamme kiusauksen, meidän on vastustettava sitä eikä oltava kuuliaisia sen himolle. Uskova voi vastustaa kiusausta. Voimme vedota Jumalan lupaukseen: "Teitä ei ole kohdannut muu kuin inhimillinen kiusaus; ja Jumala on uskollinen, hän ei salli teitä kiusattavan yli voimienne, vaan salliessaan kiusauksen hän valmistaa myös pääsyn siitä, niin että voitte sen kestää" (1 Kor 10:13). Jokaisen kiusauksen täytyy ensin päästä kristityn tahdon läpi. Muut ihmiset ovat synnin orjia. He antavat kiusaukselle periksi miltei automaattisesti. Uskovan täytyy sen sijaan päättää tehdä syntiä. Kun uskova tekee syntiä, se johtuu siitä, että hän "antaa synnin hallita" ja on "kuuliainen sen himolle." Kuolevaisella ruumiilla on edelleenkin synnillisiä himoja. Emme saa noudattaa näitä yllykkeitä.

Kolmanneksi, meidän tulee antaa itsemme Jumalalle. Älkääkä antako jäseniänne vääryyden aseiksi synnille, vaan antakaa itsenne, kuolleista eläviksi tulleina, Jumalalle, ja jäsenenne vanhurskauden aseiksi Jumalalle. Sillä synnin ei pidä teitä vallitseman, koska ette ole lain alla, vaan armon alla (j. 13-14). Synnin vastustaminen ei yksin riitä; uskovan on tehtävä jotakin mielekästä synnin tekemisen sijasta. Jumala haluaa meidän antavan ruumiimme Hänelle ja palvelevan Häntä eikä noudattavan entisiä syntisiä tapojamme.

Joutilas ihminen on paholaisen työpaja. Synnin karttaminen ei vielä riitä. Ellet löydä mielekästä tekemistä, huomaat pian muiden syntien hallitsevan sinua. Yhdestä synnillisestä tavasta irti pääseminen jättää tyhjiön, joka tulee täyttymään. Jos tätä tyhjiötä ei täytetä jollakin hyödyllisellä, se täyttyy aivan varmasti pahalla. Niin kuin Jeesus sanoi: "Kun saastainen henki lähtee ihmisestä, kuljeksii se autioita paikkoja ja etsii lepoa; ja kun ei löydä, sanoo se: 'Minä palaan huoneeseeni, josta lähdin'. Ja kun se tulee, tapaa se sen lakaistuna ja kaunistettuna. Silloin se menee ja ottaa mukaansa seitsemän muuta henkeä, pahempaa kuin se itse, ja ne tulevat sisään ja asuvat siellä. Ja sen ihmisen viimeiset tulevat pahemmiksi kuin ensimmäiset" (Luuk 11:24-26).

Tiedän monien kristittyjen luopuneen televisiosta, koska heidän mielestä sillä on ollut huono vaikutus heidän kodissa. Mutta elleivät he ryhdy lukemaan tai tekemään jotakin muuta vapaa-aikanaan, ei kestä kauaakaan, kun he ostavat uuden television, usein entistä isomman ja paremman. Televisiosta eroon pääseminen on vasta puoli ratkaisua. Sen tilalle on kehitettävä mielekästä tekemistä. Monet naiset tuttavapiirissämme ovat ryhtyneet dieetille ja päässeet eroon kymmenistä kiloista ylipainoa. Miten paljon paremmilta he näyttävätkään ja miten paljon paremmiksi he tuntevatkaan olonsa! Mutta useimmat heistä saavat samat vanhat muotonsa takaisin vain vuodessa tai kahdessa, koska eivät tehneet pysyviä muutoksia ruokailutottumuksiinsa. Sama periaate pätee moniin asioihin.

Jos olet kristitty, sinun täytyy muuttaa tapojasi. Sen sijaan, että antaisit jäsenesi vääryyden aseiksi synnille, sinun kuuluu antaa itsesi Jumalalle ja palvella Häntä. Tämä itsensä antaminen Jumalalle ei ole kerran tapahtuva asia. Se täytyy uudistaa päivittäin, joskus jopa hetkittäin, jos kiusaus käy kimppuun. Myöhemmin Roomalaiskirjeessä Paavali kirjoittaa näin: "Niin minä Jumalan armahtavan laupeuden kautta kehoitan teitä, veljet, antamaan ruumiinne eläväksi, pyhäksi, Jumalalle otolliseksi uhriksi; tämä on teidän järjellinen jumalanpalveluksenne" (luku 12:1). Meidän ei tarvitse antaa sielujamme Jumalalle. Hänellä on jo se osa meitä. Hän haluaa myös ruumiimme.

Ruumiitamme voidaan käyttää hyvään tai pahaan. Ennen pelastumista niitä käytettiin aina "vääryyden aseina syntiin". Niitä käytettiin aseina taistelussa Jumalaa vastaan. Se on niille edelleenkin mahdollista, jos annamme niiden toimia niin. Mutta nyt, kun olemme synnistä pois kuolleita ja eläviä Jumalalle, meidän pitäisi käyttää ruumiitamme vanhurskauden aseina palvellen Jumalaa. Kaikki, mitä ennen teimme jäsenillämme voidaan kääntää tekemään jotakin hyödyllistä. Esimerkiksi, kuten Paavali kehotti efesolaisia: "Joka on varastanut, älköön enää varastako, vaan tehköön ennemmin työtä ja toimittakoon käsillään sitä, mikä hyvää on, että hänellä olisi, mitä antaa tarvitsevalle. Mikään rietas puhe älköön suustanne lähtekö, vaan ainoastaan sellainen, mikä on rakentavaista ja tarpeellista ja on mieluista niille, jotka kuulevat" (Ef 4:28-29).

Jos Jumala olisi sanonut ainoastaan: "Älkää tehkö syntiä!" olisimme vain lain alla. Pitkää kieltojen listaa on vaikea noudattaa. Niillä on taipumus jopa saada meidät rikkomaan niitä, koska ne luovat mielikuvan, joka voi tuntua houkuttelevalta. Mutta me olemme armon alla. Jumala ei sano vain: "Älkää tehkö syntiä", Hän sanoo: "Antakaa jäsenenne vanhurskauden aseiksi Jumalalle ja tehkää hyvää". Meillä on vaihtoehto pahan tekemiselle. Voimme tehdä hyvää. Voimme palvella Jumalaa. Samat ruumiimme jäsenet, joita käytettiin palvelemaan syntiä, voidaan nyt panna toimimaan vanhurskauden aseina Jumalan palvelemiseksi.

Me elämme Jumalalle. Saamme luottaa siihen,

ettemme voi koskaan syntiä tekemällä joutua pois Jumalan armosta. Se taistelu voitettiin silloin, kun uskoimme Kristukseen. Mutta kohtaamme taistelun syntiä vastaan päivittäinen niin kauan kuin olemme lihassa. Tämän taistelun voi voittaa. Meidän on ymmärrettävä uusi identiteettimme Kristuksessa ja pidettävä sitä tosiasiana. Todellinen luontomme on lunastettu ja pyhä. Todellinen minämme on kuollut synnille ja elää Jumalalle. Meidän täytyy myös vastustaa synnin vaikutusta ja sanoa "ei" synnillisille haluillemme. Ja lopuksi, pysyäksemme erossa synnistä meidän tulee antaa itsemme, kuolleista eläviksi tulleina Jumalalle.

18.

TÄYTTYKÄÄ HENGELLÄ
Efesolaiskirje 5:18-21

Ihmiset ovat nykyään hyvin kiinnostuneita Pyhästä Hengestä. He haluavat täyttyä Pyhällä Hengellä. He väittävät omaavansa Pyhän Hengen lahjoja. Jotkut tekevät kummallisia asioita väittäen Pyhän Hengen teettävän niitä. Siksi aiomme ensiksi tarkastella, mitä Pyhällä Hengellä täyttyminen oikeastaan on. Sen jälkeen katsomme lyhyesti, mitkä ovat Pyhällä Hengellä täyttymisen seuraukset.

"Älkääkä juopuko viinistä, sillä siitä tulee irstas meno, vaan täyttykää Hengellä" (j. 18). Tässä on vertaus viiniin. Kun ihminen on täynnä viiniä, viini hallitsee häntä. Hän on yleensä rohkea ja tekee typeryyksiä. Viini on keinotekoinen ilon lähde. Kun ihminen on täyttynyt Pyhällä Hengellä, Jumalan Pyhä Henki hallitsee häntä. Hän käyttäytyykin eri lailla. Hän on iloinen, mutta se ei ole keinotekoista, pullon pohjalta peräisin olevaa iloa.

Meitä käsketään olemaan juopumatta viinistä ja täyttymään Hengellä. Tässä on vastakohta. Viinillä täyttyminen johtaa ihmisen käyttäytymään synnillisesti.

Pyhällä Hengellä täyttyminen johtaa ihmisen käyttäytymään pyhästi. Viinin ja Pyhän Hengen välillä on aivan yhtä suuri ero kuin rakkauden ja saastaisuuden välillä jakeissa 1-7. Viinin ja Hengen välillä on aivan yhtä suuri ero kuin valkeudella ja pimeydellä, joista puhutaan jakeissa 8-14 – aivan yhtä suuri ero kuin viisauden ja tyhmyyden välillä (j. 15-17). Alamme siis ymmärtää, että Jumala haluaa meidän löytävän ilomme Pyhästä Hengestä, ei viinipullosta.

Mutta kuinka me täytymme Hengellä? Häntä ei voi ostaa ja juoda pullosta niin kuin viiniä. Ensin meidän tulee tietää, mitä Pyhällä Hengellä täyttyminen ei ole. Pyhällä Hengellä täyttyminen ei ole sama asia kuin Pyhän Hengen kaste. Tässä asiassa on oltava hyvin tarkka. Henkikaste tapahtuu vain kerran pelastumisen hetkellä. "Sillä me olemme kaikki yhdessä Hengessä kastetut yhdeksi ruumiiksi..." (1 Kor 12:13). Ilman Pyhää Henkeä ei voi edes olla kristitty (Room 8:9). Itse asiassa Pyhä Henki asuu jatkuvasti jokaisessa kristityssä (1 Kor 6:19), ja hänet on sinetöity Hengellä lunastuksen päivään saakka (Ef 4:30). Se on jotakin sellaista, jota ei voi tuntea, mutta se on totta, koska Raamattu sanoo niin. Ei ole olemassa todellista kristittyä, jolla ei olisi Pyhää Henkeä. Kristitty ei voi saada Pyhää Henkeä rukoilemalla. Jokaisella uskovalla on jo kaikki se Pyhä Henki, jonka hän koskaan tulee saamaan siitä hetkestä lähtien, kun hän luotti Kristukseen henkilökohtaisena Vapahtajanaan. Meitä ei koskaan käsketä tulemaan kastetuiksi Hengellä – ei koskaan! Meitä ei myös koskaan käsketä tulemaan Hengen asuttamiksi tai sinetöimiksi. Miksi? Koska kaikki kristityt on jo kastettu ja sinetöity Pyhällä Hengellä, ja Hän asuu heissä. Pyhän Hengen kaste tapahtuu vain kerran kuten sinetöiminenkin. Mutta Pyhällä Hengellä täyttyminen tapahtuu monta kertaa. Joka kerta, kun uskova tottelee Jumalaa, hän kokee Hengellä täyttymistä.

Sillä hetkellä, kun pelastut, sinut kastetaan ja sinetöidään samassa silmänräpäyksessä. Siksi ihminen on niin iloinen uskoon tultuaan. Pyhä Henki on täyttänyt hänet ja hallitsee häntä. Mutta siinä samassa, kun uusi uskova tekee syntiä, hän ottaa takaisin itselleen elämänsä hallinnan. Hän ei ole enää Pyhän Hengen täyttämä. Pyhä Henki asuu hänessä yhä mutta ei hallitse häntä. On mahdollista olla kristitty ilman, että on Pyhän Hengen täyttämä.

Ymmärtääksemme, mitä Hengellä täyttyminen on, meidän on ajateltava sanaa hallinta. Ihmistä ei voi täyttää Pyhällä Hengellä samalla tavoin kuin astia täytetään vedellä. Pyhän Hengen täyteys tarkoittaa Hänen hallinnassaan olemista. Ihminen on joko täysin Hengen hallitsema tai ei ollenkaan. Ihminen voi esimerkiksi olla täysin jonkun vahvan tunteen, kuten pelon, surun tai vihan vallassa. Mikä tahansa ihmistä vallitsee tai täyttää, se hallitsee häntä, ja hän käyttäytyy tuon voiman luonteen mukaisesti. Esimerkiksi surun täyttämä ihminen itkee. Suru hallitsee häntä. Toisaalta Pyhää Henkeä täynnä oleva ihminen antaa Jumalan hallita itseään. Hän käyttäytyy pyhästi Jumalan luonteen mukaisesti. Tämän luvun koko loppuosa kertoo siitä, kuinka Hengen täyttämä ihminen käyttäytyy. Hän veisaa Jumalalle, kiittää Häntä, on alamainen toisille jne.

Rinnakkainen raamatunkohta Kolossalaiskirjeessä sanoo: "Runsaasti asukoon teissä Kristuksen sana; opettakaa ja neuvokaa toinen toistanne kaikessa viisaudessa, psalmeilla, kiitosvirsillä ja hengellisillä lauluilla, veisaten kiitollisesti Jumalalle sydämissänne" (Kol 3:16). Ja luvun loppuosa jatkuu toistaen samat Pyhän Hengen täyteyden seuraukset, jotka löytyvät myös Efesolaiskirjeen 5. luvusta. Joten meidän on tultava siihen johtopäätökseen, että Pyhän Hengen täyteys on täsmälleen sama asia kuin se, että annamme Kristuksen sanan asua meissä runsaasti. Kristuksen sana tarkoittaa koko Raamattua.

Tässä on siis avain Pyhällä Hengellä täyttymiseen: tottele Raamattua. Pyhällä Hengellä täyttymiseen ei ole mitään mystistä salaisuutta. Meidän ei tarvitse odottaa sitä yläsalissa niin kuin apostolit tekivät helluntaipäivänä. Se oli historiallinen tapahtuma, joka ei toistu enää koskaan, eikä sitä koskaan asetettu malliksi meidän ajallemme. Emme tarvitse ketään panemaan käsiään päämme päälle. Meidän ei tarvitse kohottaa käsiä ilmaan tai tehdä mitään muutakaan sen kaltaista. Meidän ei tarvitse tehdä mitään muuta kuin totella Raamattua niin kuin sitä ymmärrämme. Antaa Kristuksen sanan asua meissä runsaasti on täsmälleen sama asia kuin antaa Pyhän Hengen täyttää meidät. Ja sen seurauksetkin ovat täsmälleen samat.

Kun teemme syntiä, saatamme Pyhän Hengen murheelliseksi (Ef 4:30). Pyhä Henki ei hallitse meitä, kun teemme syntiä. Raamattu kehottaa meitä tunnustamaan syntimme (1 Joh 1:9). Niin pian kun tottelemme tätä käskyä, täytymme automaattisesti Pyhällä Hengellä. Ja sama pätee kaikkiin Raamatun käskyihin. Aina kun annamme jollekin anteeksi, osoitamme aitoa rakkautta tekemällä hyvää tai tottelemme mitä tahansa Raamatun käskyä, täytymme automaattisesti Pyhällä Hengellä. Antaudumme Pyhälle Hengelle antautumalla Jumalan Sanalle. Sen lopputuloksena koemme pyhää iloa.

Aina kun tottelemme Raamattua, täytymme Hengellä. Aina kun teemme syntiä, murehdutamme Häntä. Kun tottelemme Jumalan Sanaa, olemme Hengen täyttämiä siihen saakka, kunnes taas teemme syntiä. Siksi tämä käsky on jatkuvassa aikamuodossa. Meidän tulisi jatkuvasti täyttyä Hengellä. Käytännössä se tarkoittaa sitä, että meidän pitää jatkuvasti totella Raamattua. Aina kun ymmärrämme tehneemme syntiä kuten puhuneemme epäystävällisesti tms., meidän pitää tunnustaa se välittömästi ja pyytää anteeksi. Tällä tavalla saamme takaisin Pyhän Hengen täyteyden. Hän saa jälleen hallita meitä. Emme voi saada Pyhän Hengen täyteyttä ennen kuin tottelemme kaikkea, mitä Jumala käskee meitä tekemään. Se saattaa olla nöyrtymistä toisten edessä ja anteeksi pyytämistä heiltä. Se saattaa olla meistä epämukavaa. Mutta jos olemme olleet Jumalalle tottelemattomia ja Hän näyttää meille mitä tehdä, meidän on tehtävä se. Meillä ei voi olla rauhaa eikä iloa eikä Pyhän Hengen täyteyttä ennen kuin teemme niin.

Olen tavannut kristittyjä, jotka ovat aina onnettomia. He ovat olleet tottelemattomia Jumalalle niin kauan, että heistä on tullut katkeria. Se näkyy heidän kasvoistaan ja käytöksestään. Se on syntiä. Se on jatkuvaa syntiä ja tottelemattomuutta käskylle "täyttykää Hengellä". Silloin ei voi kasvaa. Jumala ei voi käyttää sinua, ja olet jatkuvasti huono esimerkki kristitystä niin kauan kuin et tottele jokaista Raamatun totuutta, jonka Jumala sinulle osoittaa. Jos yritämme kiertää oikean tien Hengen täyteyteen – jos siis lyömme laimin velvollisuutemme rakastaa ja antaa anteeksi jne. – emme saa kokea aitoa iloa. Voimme väittää olevamme iloisia tai yrittää teeskennellä iloista, mutta silloin olemme tekopyhiä. Kuuliaisuus on ainoa tie oikeaan Pyhän Hengen täyteyteen ja ilontäyteiseen elämään, olipa se sitten kuinka tuskallista tahansa. Sinä kyllä tiedät, mitä sinun pitää tehdä. Tee se, ja sinut täytetään ilolla. Niskuroi ja ole ylpeä, ja sinusta tulee kurja tekopyhä. Se on niin yksinkertaista.

Voit rukoilla Hengellä täyttymistä, mutta se ei auta. Voit antautua Hengelle, pitää kiinni Hengen lupauksesta, odottaa Häntä, harjoittaa vaikka akrobatiaa, mutta se ei auta. Jos olet pois Jumalan tahdosta, mikään ei auta paitsi Raamatussa annetun Jumalan kirjoitetun tahdon totteleminen. Itse asiassa on niin, että jos pyrit täyttymään Pyhällä Hengellä jollain muulla tavalla, sinä vain avaat itsesi Saatanan väärennöksille. Ja monet kokevat saatanallisia voimia, koska ovat liian typeriä tutkiakseen Raamattua ja elääkseen Raamatun mukaista kristillistä elämää.

Huomaa Hengellä täyttymisen seuraukset: "Puhuen keskenänne psalmeilla ja kiitosvirsillä ja hengellisillä lauluilla, veisaten ja laulaen sydämessänne Herralle, kiittäen aina Jumalaa ja Isää kaikesta meidän Herramme Jeesuksen Kristuksen nimessä. Ja olkaa toinen toisillenne alamaiset Kristuksen pelossa" (j. 19-21). Tämän luvun loppuosa ja osa lukua kuusi kertoo, että Hengen täyttämät vaimot ovat alamaisia miehilleen. Hengen täyttämät miehet rakastavat vaimojaan. Hengen täyteys saa lapset kuuliaisiksi vanhemmilleen, isät olemaan kiihottamatta lapsiaan vihaan, palvelijat olemaan kuuliaisia isännilleen ja isännät olemaan oikeudenmukaisia työntekijöilleen. Toisin sanoen Pyhällä Hengellä täyttyminen vaikuttaa kaikkiin ihmissuhteisiimme.

Pane merkille joitakin asioita, joita tässä luettelossa ei mainita ja jotka eivät siis ole Hengen täyteyden seurauksia. Hengen täyttämä uskova ei menetä itsekontrolliaan eikä puhua mongerra kummallisesti. Hän ei kaadu taakse- tai eteenpäin eikä vaivu transsitilaan. Hän ei saa näkyjä tai tulkitse unia eikä saa uusia ilmoituksia Jumalalta. On kummallista, että jotkut kristityt etsivät juuri tällaisia asioita. Mitä niillä on Pyhän Hengen kanssa tekemistä? Jos sinulla on tällaisia epätavallisia kokemuksia, ne saattavat kyllä olla peräisin hengestä, mutta ei Pyhästä Hengestä. Tässä luettelossa ei edes mainita aitoa kielillä puhumisen lahjaa, joka vielä Uuden testamentin kirjoittamisen aikoihin oli olemassa. Mikään ei korvaa pyhää elämää. Hengelliseen kypsyyteen ei ole oikotietä. Ainoa keino saada nauttia kaikista Hengen siunauksista on totella Hänen koko Sanaansa, Raamattua.

19.

KRISTITTY PERHE (OSA 1): VAIMOT

Efesolaiskirje 5:22-24

Koko yhteiskunta toimii sillä periaatteella, että joillakin on auktoriteettia ja muut alistuvat siihen. Jumala on määrännyt, että hallituksessa jotkut johtavat ja muut alistuvat. Armeijassa on hyvin selvä käskyketju. Koulussa jotkut opettavat ja muut oppivat. Seurakunnassa jotkut johtavat ja muut seuraavat. Työpaikassa jotkut määräävät, mitä on tehtävä, ja muut tottelevat. Samoin perheessä me voimme odottaa, että Jumala on määrännyt jonkinlaisen auktoriteetin. Ilman auktoriteettia ja alistumista kaikki on yhtä kaaosta.

Perheessä Jumala on määrännyt, että vaimo alistuu miehensä johtamiseen. "Vaimot, olkaa omille miehillenne alamaiset niinkuin Herralle; sillä mies on vaimon pää, niinkuin myös Kristus on seurakunnan pää, hän, ruumiin vapahtaja. Mutta niinkuin seurakunta on Kristukselle alamainen, niin olkoot vaimotkin miehillensä kaikessa alamaiset" (jakeet 22-24).

Perhe on yhteiskunnan perusrakennusosa. Jos perheet ovat vahvoja, niin kansa on vahva. Jos perheet ovat rikkonaisia ja riitelevät keskenään, niin koko yhteiskunta kärsii. Kansa voi niin kuin sen perheet voivat. Paholainen on käymässä perheiden kimppuun nykyään. Jokainen vaatii tasa-arvoa. Kukaan ei halua alistua minkäänlaisiin auktoriteetteihin. Naiset vaativat oikeuksia. Lapset vaativat oikeuksia. Homoseksuaalit vaativat oikeuksia. Paholainen on heikentänyt jokaista Jumalan asettamaa laitosta, varsinkin perhettä. Tuntuu siltä, että ihmiset haluavat olla riippumattomia kaikesta laista ja vallasta. Tämä elämänkatsomus johtaa itsetuhoon. Mikään yhteiskunta ei voi olla järjestyksessä ja tuottelias, jos jokainen hylkää auktoriteetin ja vaatii omaa tahtoaan.

Kyseessä on kristitty perhe. Hengellä täyttynyt vaimo alistuu halukkaasti omalle miehelleen. Tämä ei ole minun ideani sen tähden, että olen mies. Tämä on Jumalan Sanaa ja Jumalan mittapuu kaikille aikakausille. Se on tarkoitettu meidän hyvinvoinniksemme. Jos meidän on elettävä rauhassa ja sopusoinnussa, niin meidän on alistuttava Hänen Sanaansa. Tämän jakeen merkitys on melko selvä: "Vaimot, olkaa omille miehillenne alamaiset niinkuin Herralle" (j. 22). Huomaa, että tässä ei ole mitään poikkeusta. Ei käsketä alistumaan ainoastaan, jos miehesi on kristitty, tai jos hän johtaa hyvin, tai jos hän on sinun mielestäsi arvollinen johtamaan. Tässä sanotaan vain, että alistu hänelle niin kuin alistuisit Itselleen Herralle, koska mies on vaimon pää niin kuin Herra on seurakunnan pää.

Sinä sanot, että tämä on halventavaa. Äikäämme sekoittako olennaista arvoa henkilönä siihen, mikä rooli tai toiminta ihmisellä on yhteiskunnassa. Raamattu opettaa selvästi, että kaikki ovat luonnostaan tasa-arvoisia Jumalan edessä. "Ei ole tässä juutalaista eikä kreikkalaista, ei ole orjaa eikä vapaata, ei ole miestä eikä naista; sillä kaikki te olette yhtä Kristuksessa Jeesuksessa" (Gal 3:28). Jokaisella on sama asema Jumalan edessä, johtaa hän sitten tai alistuu. Monet vaimot ovat älykkäämpiä, lahjakkaampia tai hengellisesti kypsempiä kuin miehensä. Ei tämä silti tarkoita, että vaimolla on oikeus jättää huomioonottamatta alistumisen käsky. Tässä on kyseessä rooli tai toiminta. Yhteiskunta ei toimi harmoniassa, ellemme tottele Jumalan auktoriteetin ja alistumisen mallia. Ei ole halventavaa seurata Jumalan mallia. Muuten kapinoimme Häntä vastaan.

Vaimon ei ole käsketty olla kuuliainen miehelleen niin kuin lasten on käsketty olla kuuliaisia vanhemmilleen (Ef 6:1). Vaimo ei ole orja. Miehellä ei ole oikeutta halventaa häntä tai alistaa häntä niin kuin palvelijaa. Hän on tasa-arvoinen. Miehen johtamisen on tapahduttava rakkaudessa siten, että hän ymmärtää vaimonsa tarpeita heikompana astiana (1 Piet 3:7). Nainen on heikompi ruumiillisesti ja tunneperäisesti. Mies on kutsuttu olemaan perheen puolustaja ja leivänansaitsija. Vaimo, joka hyväksyy Jumalan mallin, alistuu halukkaasti miehensä johtamiseen ja tukemaan häntä. Silloin ei ole mitään ristiriitaa tai yhteentörmäystä, vaan kumpikin elää sopusoinnussa.

Minä voin kuvitella, että olisi vaikea kristitylle vaimolle alistua jumalattomalle miehelle. Kuulkaa tytöt, älkää naiko sellaista miestä, jolle ette pysty iloisesti alistumaan. Pietari kirjoitti, että vaimon on pakko alistua jopa ei-uskovalle miehelle. "Samoin te, vaimot, olkaa alamaiset miehillenne, että nekin, jotka ehkä eivät ole sanalle kuuliaisia, vaimojen vaelluksen kautta sanoittakin voitettaisiin, kun he katselevat, kuinka te vaellatte puhtaina ja pelossa" (1 Piet 3:1-2). Naisella on mitä suurin mahdollisuus muuttaa miehensä mieli elämällä hiljaisella, pyhällä, alistuvalla tavalla. Tämä puhuu kovemmin miehelle kuin kokonainen naisjoukko marssien ja huutaen iskulauseita julisteet käsissään. Useimmat miehet vastustavat kapinoivaa vaimoa, mutta jos vaimo on alistunut hänelle tietäen, että mies on väärässä, niin mies usein harkitsee uudelleen päätöksensä.

Sinä kysyt, miksi vaimo on se, jonka täytyy alistua? Syy on historiallinen. Jumala määräsi näin lankeemuksen jälkeen. Koska Eeva oli tottelematon Jumalan käskylle eikä neuvotellut Adamin kanssa siitä, että käärme kiusasi häntä, Jumala kertoi hänelle ja kaikille vaimoille, "mieheesi on sinun halusi oleva, ja hän on sinua vallitseva" (1 Moos 3:16b). Synnillä on kauaskantoisia seurauksia. Tähän päivään saakka nainen ei saa olla hallinnassa miehen yläpuolella seurakunnassa. Naispappi tai naissaarnaaja on inhottavaa Jumalalle. "Oppikoon nainen hiljaisuudessa, kaikin puolin alistuvaisena; mutta minä en salli, että vaimo opettaa, enkä että hän vallitsee miestänsä, vaan eläköön hän hiljaisuudessa. Sillä Aadam luotiin ensin, sitten Eeva; eikä Aadamia petetty, vaan nainen petettiin ja joutui rikkomukseen" (1 Tim 2:11-14). Naissaarnaajaan on mahdoton kunnioittaa Jumalaa, koska hän on suoranaisesti kapinassa Raamattua vastaan.

Perhe on uhattuna monilta suunnilta nykyään. Niin sanottu naisliike on yksi suuri uhka. He vaativat tasa-arvoa. He kehottavat vaimoja ja äitejä lähtemään pois kotoa ja hankkimaan ammatin. He haluavat naisten luulevan, että ovat epäonnistuneet, elleivät työskentele kodin ulkopuolella. Kaikki tämä on hyökkäystä suoraan kohti Jumalan suunnitelmaa yhteiskunnalle. Raamattu sanoo, että nuorten vaimojen on oltava "siveitä, puhtaita, kotinsa hoitajia, miehilleen alamaisia, ettei Jumalan sana pilkatuksi tulisi" (Tiit 2:5). Vaimon paikka on kotona, paitsi erikoistapauksissa. Sen lisäksi, että vaimolla on vähemmän aikaa hoitaa koti ja opettaa ja huolehtia lapsista, työssä käyvän vaimon on usein alistuttava muillekin miehille kuin omalle miehelleen. Hänen pomonsa saattaa vaatia, että hänen on pukeuduttava houkuttelevalla tavalla tai käyttäydyttävä jollakin tavalla, joka on ristiriidassa Jumalan antaman roolin kanssa. Hänet tuodaan houkutuksiin, joita hän ei kohtaisi kotona. Hän saattaa tulla yhä itsenäisemmäksi miehestään monella tavalla, esimerkiksi taloudellisesti ja tunneperäisesti. Kaikki tämä vain heikentää avioliittosuhdetta miehen kanssa ja vetää häntä kohti muita miehiä työpaikalla. Avioero on usein lopputuloksena.

Me olemme nielleet valheen, että lisätulo on aina parempi. Nyt mitataan arvomme sillä, kuinka suuri palkkashekkimme on ja sillä, mikä arvonimemme on sen sijaan, miten vahvoja me olemme moraalisesti ja olemmeko me siveitä ja kunniallisia. Naisille kerrotaan, että he eivät voi elää merkittävästi, elleivät he luovu perheistään ja hanki ammattia, joka on erillään heidän miehistään. Niin naiset ovat lähtemässä kotoa työhön. Mitä se on maksanut meille? Se on maksanut yhteiskunnan, jossa on enemmän avioeroja, enemmän lasten laiminlyöntiä, enemmän psykologisia ongelmia, enemmän nuorisorikollisuutta, enemmän itsemurhia. Työssä olevat äidit aiheuttavat enemmän vahinkoa, kuin mitä he voivat koskaan korvata palkkashekeillään. "Vaimojen viisaus talon rakentaa, mutta hulluus sen omin käsin purkaa" (Snl 14:1).

Äidin paikka on kotona. Lapset tarvitsevat äitiään enemmän kuin isompaa taloa tai parempaa autoa tai mitä tahansa ylimääräinen tulo voi ostaa. On täysiaikaista työtä olla hyvä äiti ja hyvä vaimo. Se ei ole halventavaa. Se on paljon parempi kuin lähettää lapset tarhaan. Naisen arvoa ei mitata palkkashekillä. Älkää koskaan tulkitko niin, että korkeampi tulo on Jumalan siunaus. Ei välttämättä ole. Me emme hyväksy valhetta, että vaimon on oltava itsenäinen. Minun vaimoni ja minä olemme sopineet, että me pärjäämme minun tuloillani ja hän täyttää Jumalan antaman roolin äitinä ja kodinhoitajana.

Joskus kristityllä naisella ei ole muuta vaihtoehtoa kuin mennä työhön, koska hänellä ei ole ketään leivänansaitsijaa. Tämä on tietenkin poikkeus. Mutta suurin osa vaimoista, jotka ovat palkkatyössä kodin ulkopuolella, tekevät niin, koska heillä on mielessä jonkinlainen henkilökohtainen saavutus tai suurempi tulo, joka nostaa heidän elintasoaan. Joskus he vain haluavat päästää irti kotivelvollisuuksistaan.

Vaimon käsketään alistua miehelleen, "sillä mies on vaimon pää, niinkuin myös Kristus on seurakunnan pää" (j. 23). Vaimoa ei ole kutsuttu olemaan yhteisleivänansaitsija tai yhteisjohtaja miehensä kanssa sen enempää kuin seurakuntaa on kutsuttu olemaan yhteislunastaja Jeesuksen Kristuksen kanssa. Pää ohjaa ruumista. Ruumis, joka ei reagoi pään ohjaukseen on raajarikkoinen, halvaantunut tai vammainen. Vaimo, joka ei alistu miehensä johtamiseen, näyttää maailmalle, että hänen perheensä suhteet ovat vakavasti viallisia. Hän ei vain halvenna itseään vaan myös miestänsä. Toisaalta vaimo, joka halukkaasti ja rakastavasti reagoi miehensä johtamiseen niin kuin Herran, kunnioittaa itseänsä, miestänsä ja Herraa. Hän on ihana todistus maailmalle siitä, minkä eron Kristus on saanut aikaan hänen elämässään.

Kristillinen mittapuu ei ole sama kuin maailman. Uusi testamentti kutsuu meidät korkeampaan elämäntapaan. Maailma ei tietenkään hyväksy Jumalan Sanaa. Mutta me seuraamme Jumalaa. Ellemme ole rohkeita ja tottele Raamattua, meillä ei ole paljon vaikutusta Jumalan kunniaksi tässä yhteiskunnassa. Pyhällä Hengellä täyttynyt vaimo alistuu miehelleen.

20.

KRISTITTY PERHE (OSA 2): MIEHET
Efesolaiskirje 5:25-33

Jumala perusti avioliiton jälkeläisten synnyttämistä ja maailman täyttämistä varten (1 Moos 1:28). Toveruus oli myös tärkeä osa, koska ei ollut hyvä ihmiselle olla yksinäinen (1 Moos 2:18). Tarkoituksena oli myös sukupuolinen tyydyttyminen ja nautinto (1 Kor 7:4-5,9; Hep 13:4).

Inhimilliset suhteet tekevät elämän merkittäväksi, ja kaikkein tärkein niistä on miehen ja vaimon välinen suhde avioliitossa. Mutta avioliitto on uhattuna nykyään. Kaikkia muitakin Jumalan asetuksia vastustava piru on nyt käymässä avioliiton kimppuun. Ihmiset houkutellaan pois aviopuolisoistaan löytämään tyydytystä vääristyneestä sukupuolisuudesta ja itsekkyydestä. Pornografia on kirous yhteiskunnalle. Se saa miehet katsomaan naisia ulkoapäin sukupuolikohteina, jotka voi myöhemmin hylätä kuin vanhan takin. Porno saa miehet olemaan tyytymättömiä omiin avioliittoihinsa, ja hylkäämään vaimonsa etsien jännittävämpää sukupuolikumppania. Nautinnon etsintä ei kuitenkaan ole koskaan onnellista, koska tällainen mielihyvä ei tyydytä pitkään. Tämä ei ole rakkautta, vaan pelkkää itsekkyyttä.

Kristityn miehen on käsketty rakastaa vaimoaan. "Miehet, rakastakaa vaimojanne..." (jae 25). Tämä on luonnollinen tulos siitä, että mies on täytetty Pyhällä Hengellä (j.18). Rakkaus on paljon enemmän kuin lämmintä tunnetta. Rakkaus tulee ilmi ystävällisissä teoissa. Maailman lapsi rakastaa, koska hän näkee jotakin kaunista. Jumala rakastaa, koska Hänen luonteensa on tehdä hyvää niille, jotka eivät ansaitse sitä. Maailma rakastaa, kunnes se löytää jotain parempaa tai kunnes rakkauden kohde loukkaa häntä. Jumala rakastaa, koska Hän säälii meitä, vaikka me jatkuvasti loukkaamme Häntä. Kristityn miehen rakkauden vaimoaan kohtaan pitäisi olla samanlaista kuin Jumalan rakkaus on meitä kohtaan.

Mies on rakastava "agape"-rakkaudella. Me tulemme näkemään, millaista rakkautta tämä on, neljällä tavalla. Ensin, se on uhrautuvaa rakkautta. "Miehet, rakastakaa vaimojanne, niinkuin Kristuskin rakasti seurakuntaa ja antoi itsensä alttiiksi sen edestä" (j. 25). Meidän rakkautemme suuruus on mitattu sillä, mitä sinä uhraat hänen puolestaan. Kristus uhrasi oman elämänsä meidän edestämme. Hän antoi kaiken. Jos mies on halukas kuolemaan vaimonsa puolesta, niin hän iloisesti tekee pienempiä uhrauksia hänen puolestaan. Hänen pitäisi iloisesti työskennellä ahkerasti rakentaakseen kodin ja turvan. Hänen pitäisi iloisesti menettää mukavuuksia tyydyttääkseen vaimonsa tarpeet. Missä tahansa on tarvetta, rakkaus ryhtyy toimimaan. Rakkaus tekee mitä tahansa laskematta kustannuksia.

Ongelma on se, että useimmat miehet ovat

liian itsekkäitä. He lähtevät hyvään alkuun. Heti vihkimisen jälkeen mies tekee mitä tahansa on tarpeen morsiamelleen. Mikään uhrautuminen ei ole liian suurta. Mutta ajan kuluessa, vaimon kauneus ehkä alkaa kadota jonkin verran eikä mies näe olevan niin tarpeellista uhrautua vaimonsa puolesta. Jos Jumala rakastaisi meitä niin kuin jotkut miehet rakastavat vaimojansa, niin Hän ei voisi rakastaa yhtäkään meistä. Meissä ei ole mitään kaunista. Me olemme kaikki syntisiä, mutta Jumala kuitenkin päätti rakastaa meitä. Näin on Hänen luonteensa. Rakastaminen niin kuin Kristus rakasti ei riipu toisten kauneudesta eikä siitä, mitä he ovat itsessään. Aito rakkaus on tahdon päätös tehdä hyvää jollekin huolimatta siitä, mitä he tekevät tai miltä he näyttävät. Miehet, jos meidän on rakastettava vaimojamme, niin meidän on päätettävä rakastaa heitä, vaikka he menettäisivät jokaisen viehättävän piirteensä ja hyvyytensä.

Rakkautemme ei voi perustua siihen, mitä me saamme siitä takaisin. Jos sinun rakkautesi riippuu siitä, kuinka vaimosi kohtelee sinua tai kuinka hän alistuu sinulle, niin sinä et rakasta niin kuin Kristus rakasti meitä. Sellainen ei ole uhrautuvaa rakkautta. Minä uskon, että useimmat vaimot alistuisivat miehilleen, jos mies rakastaisi häntä oikein, mutta ihminen, joka rakastaa Jumalan rakkaudella, löytää tyydytystä osoittaessaan rakkauttansa huolimatta siitä, reagoivatko muut siihen vai eivätkö. Jos rakkaus on aitoa, niin mikään ei voi tukahduttaa sitä, ei edes epäkiitollinen aviopuoliso.

Miehen aito hengellisyys näkyy siinä, kuinka hän kohtelee vaimoaan ja perhettään. Sitä ei ole mitattu sillä, kuinka hyvin hän osaa saarnata tai opettaa muita kirkossa. Ei ole väliä, kuinka hyvin hän on tunnettu yhteiskunnassa tai kuinka hyvin menestynyt hän on liike-elämässä. Hänen aito hengellisyytensä näkyy kotona perheen kanssa, kun ketään muuta ei ole läsnä. Jos mies ei onnistu rakastamaan vaimoaan ja lapsiaan oikein, niin hän epäonnistuu täysin huolimatta siitä, mitä muita saavutuksia hänellä on.

Toiseksi, miehen rakkaus vaimoansa kohtaan pitäisi olla puhdistavaa. "Että hän sen pyhittäisi, puhdistaen sen, vedellä pesten, sanan kautta, saadakseen asetetuksi eteensä kirkastettuna seurakunnan, jossa ei olisi tahraa eikä ryppyä eikä mitään muuta sellaista, vaan joka olisi pyhä ja nuhteeton" (j. 26-27). Kristus pyrkii puhdistamaan kansansa. Hän antaa heille anteeksi heidän syntinsä eikä edes muista niitä enää. Hänen rakkautensa meitä kohtaan pyrkii pitämään meidät poissa pahasta.

Rakkaus haluaa ainoastaan parasta rakkauden kohteelle. Mies, joka rakastaa vaimoaan, ei voi sallia sitä, että vaimo on turmeltunut tai johdettu harhaan mihinkään pahaan tai vahingoittavaan. Hän haluaa pitää hänet irti kaikesta vääryydestä. Hän suojelee häntä ja pitää hänet pyhänä ja siveänä. Hän ei koskaan saata häntä kiusauksen vaikutuksen alle eikä mihinkään, mikä saa hänet tekemään syntiä.

Kun nuori mies kertoo nuorelle naiselle, että hän rakastaa häntä mutta haluaa hänen uhraavan sukupuolisen puhtautensa hänen vuoksensa ennen vihkimistä, niin se on itsekkyyttä. Se ei ole aitoa rakkautta lainkaan. Se on itsekästä intohimoa. Aito rakkaus pystyy odottamaan. Tuollainen rakkaus turmelee eikä puhdista.

Kuka tahansa mies, joka tulee läheisesti tutuksi toisen naisen kanssa, saa oman vaimonsa tuntemaan olonsa hyljätyksi, tekee hänet yksinäiseksi ja saattaa ajaa häntä etsimään seuraa toisilta miehiltä. Hän ei vain riko lupausta vaimolleen vaan uhkaa vaimonsa puhtautta. Rakastava mies on uskollinen omalle vaimolleen ja pyrkii pitämään hänet puhtaana kaikesta houkutuksesta.

Kolmanneksi, miehen rakkauden vaimoaan

'kohtaan pitäisi olla vaalivaa. "Samalla tavoin tulee myös miesten rakastaa vaimojansa niinkuin omia ruumiitaan; joka rakastaa vaimoansa, hän rakastaa itseänsä. Sillä eihän kukaan koskaan ole vihannut omaa lihaansa, vaan hän ravitsee ja vaalii sitä, niin kuin Kristuskin seurakuntaa, sillä me olemme hänen ruumiinsa jäseniä" (j. 28-30). Ihmiset käyttävät paljon aikaa huolehtiakseen kehoistaan. He pesevät itseään ja kampaavat hiuksiaan juuri oikein. Ihmiset harjoittavat kehoaan pitääkseen sen kunnossa. Me ostamme kalliita vaatteita näyttääksemme hyviltä. Mitään yritystä ei säästetä kehon vaalimiseksi. Näin meidän pitäisi vaalia vaimojamme.

Avioliitossa mies ja nainen tulevat yhdeksi lihaksi (1 Moos 2:24). Kukaan ei ole vihannut omaa lihaansa. Kuinka me sitten voimme laiminlyödä vaimojemme tarpeita? Vaimoni on osa minua. Jos hän kärsii, minäkin kärsin. Kun hän tarvitsee voimaa ja kannustusta, niin minun on annettava sitä. Ja samoin on jokaisen muun tarpeen laita, joita hänellä on. Ihmiset eivät unohda ruokkia ja pukea kehoaan. Kuinka me voimme olla koskaan tunteettomia vaimojemme tarpeille?

On jotakin vikaa miehessä, joka pitää vaimoaan vain kokkina, kodin siivoojana, ajoittaisena seuralaisena ja sukupuolikumppanina. Vaimo ei ole orja. Hän on Jumalan antama aarre, jota pitää rakastaa, vaalia ja ravita ja josta pitää huolehtia. "Joka vaimon löysi, se onnen löysi, sai Herralta mielisuosion" (Snl 18:22).

Neljänneksi, miehen rakkauden pitää olla rikkoutumatonta. "Sentähden mies luopukoon isästänsä ja äidistänsä ja liittyköön vaimoonsa, ja ne kaksi tulevat yhdeksi lihaksi" (j. 31). Avioliitto on pysyvä. Minkään ei koskaan pitäisi antaa rikkoa avioliiton siteitä. Meidän lupauksemme ovat voimassa kuolemaan saakka. Jumala vihaa avioeroa. "'Sillä minä vihaan hylkäämistä,' sanoo Herra, Israelin Jumala" (Mal 2:16a). Hän tulee aina vihaamaan sitä. Jotkut avioliitot saattavat olla heikkoja, mutta on parempi jäädä yhteen kuin erota.

Jotkut avioliitot eivät koskaan pääse lujasti perustumaan, koska joko mies tai vaimo ei pysty katkaisemaan siteitä heidän itsensä ja vanhempiensa välillä. Miehen on pakko luopua isästänsä ja äidistänsä. Kun nuori pari tulee yhteen, heidän vanhemmillaan ei ole enää valtaa heihin. Vanhemmilla ei ole asiaa puuttua heidän asioihinsa. Mies on naisen uusi pää ja auktoriteetti. Hänen täytyy alistua miehensä johdatukselle. Ja miehen täytyy olla rohkea ja ottaa vastuu vaimonsa johdattamisesta ja huolehtimisesta. Jumala on näin määrännyt. Tietenkin meidän täytyy aina rakastaa ja kunnioittaa vanhempiamme, mutta he eivät saa ohjata lapsiaan, kun he ovat naimisissa. On niin surullista, jos vanhemmat sekaantuvat nuoren parin asioihin ja se päättyy avioeroon.

Mies, joka rakastaa vaimoaan, ei anna minkään eikä kenenkään rikkoa suhdetta vaimonsa kanssa. Avioliiton pysyvyys on kuvattuna Hoosean profetiassa. Hoosean käskettiin naida Goomer, joka ei ollut uskollinen vaimo. Goomer synnytti Hoosealle toisten miesten lapsia. Hän ei tehnyt vain aviorikosta, vaan hänestä tuli prostituoitu. Mutta Jumalan sanoma Hoosealle oli jatkaa rakastamista ja antaa hänelle anteeksi. Mitä enemmän Goomer teki syntiä, sitä enemmän Hoosea antoi hänelle anteeksi. Tämä kuvaa Jumalan rakkautta kansaansa kohtaan. Hän antaa aina anteeksi. Hän ei koskaan hylkää meitä.

Kuinka mies voi koskaan jättää vaimoaan? Kuinka vaimo voi koskaan jättää miestänsä? Se särkee Jumalan sydämen, kun niin tapahtuu. Ne kaksi ovat yksi liha. Oi, miten kylmiä ja itsekkäitä jotkut ovat! Tietenkin sinua tullaan loukkaamaan. "Olkoon sinun lähteesi siunattu, ja iloitse nuoruutesi vaimosta" (Snl 5:18).

Tietenkin sinua tullaan masentamaan. Mutta kuinka sinä pystyt luopumaan "nuoruutesi vaimosta"! Älkää antako kenenkään vieraan tulla sinun ja aviopuolisosi väliin! Sinun rakkautesi häntä kohtaan täytyy olla rikkomatonta rakkautta.

Avioliittoside ei ole sopimus, jonka voi hyljätä, jos toinen puoli rikkoo sovittuja ehtoja. Se on pyhä liitto Jumalan edessä. Liitto perustuu molemminpuoliseen luottamukseen. Sitä ei voi hylätä huolimatta siitä, mitä toinen osapuoli tekee.

Mies on johtaja. Hän asettaa esimerkin toisille. Kun miehet rakastavat vaimojansa Pyhän Hengen voimalla, niin he tuovat paljon siunausta perheilleen. He myös kokevat paljon iloa ja tyydytystä. "Mutta myös teistä kukin kohdaltaan rakastakoon vaimoaan niinkuin itseänsä; mutta vaimo kunnioittakoon miestänsä" (j. 33).

21.

KRISTITTY PERHE (OSA 3): LAPSET

Efesolaiskirje 6:1-4

"Katso, lapset ovat Herran lahja... Onnellinen se mies, jonka viini on niitä täynnä!" (Ps 127:3, 5). Vanhemmat ovat Jumalan tilanhoitajia. Hän lainaa lapset vanhemmille luottaen, että he kasvattavat heidät niin, että nämä kunnioittavat ja tottelevat auktoriteettia. Yhteiskunnan järjestyksen perusta alkaa kotona. Lapsi, joka aikaisin oppii tottelemaan vanhempiaan voi myöhemmin totella opettajiaan, maan lakia ja viimeiseksi itse Jumalaa. Sukupolvi, joka on kuriton ja tottelematon, saa aikaan yhteiskunnan, joka on kaoottinen ja tuhoava ja pahin kaikesta, jumalaton. Lapsi, jota ei voida saada kuuliaiseksi vanhemmilleen, ei todennäköisesti alistu Jumalallekaan, joka on hänen viimeinen tuomarinsa.

"Lapset, olkaa vanhemmillenne kuuliaiset Herrassa, sillä se on oikein" (jae 1). Viimeinen syy, miksi lasten pitäisi olla kuuliaisia vanhemmilleen, on yksinkertaisesti se, että se on oikein. Se ei perustu psykologien mielipiteisiin eikä muihin teorioihin vaan Jumalan Sanaan. Se on Jumalan mittapuu. Se on auktoriteettinen aivan samoin kuin käskyt, että vaimot alistuvat ja miehet rakastavat vaimojaan. Lasten on käsketty olla kuuliaisia. Asiantuntijat puhuvat niin sanotuista "lasten oikeuksista". Tuntuu siltä, että jokainen on vaatimassa oikeuksiaan, jopa lapsetkin. Uskon, että olisi paljon parempi keskittyä meidän velvollisuuksiimme. Oikeuksien vaatiminen - joko lasten tai vanhempien puolesta - vain heikentää ja tuhoaa ihmissuhteet jokaisella tasolla. Velvollisuuden tunto rakentaa sekä oikeita suhteita että vahvaa luonnetta. Me pärjäämme paljon paremmin, jos otamme huomioon Raamatun niin kutsuttujen asiantuntijoiden sijaan.

Pienet lapset eivät tottele vanhempiaan luonnollisesti. Heitä täytyy opettaa. Sen tähden tämä käsky on vanhempia varten yhtä paljon kuin lapsia varten. Kaikilla lapsilla on kapinallinen luonne syntymästä saakka. Me "...olimme luonnostamme vihan lapsia niinkuin muutkin" (Ef 2:3). Lapset ovat luonnostaan itsekeskeisiä. Pikku hiljaa heitä täytyy opettaa huomioimaan muutkin. Heitä täytyy opettaa olemaan epäitsekkäitä. Ja heitä täytyy myös opettaa olemaan kuuliaisia vanhemmilleen. Kuka tahansa vanhempi, jolla on väärä käsitys siitä, että heidän lapsellansa on hyvä luonne, tulee kärsimään monta sydäntäsärkevää kokemusta.

Raamattu sanoo, että lasten kasvattaminen sisältää kurinpitoa ja joskus rangaistusta. "Joka vitsaa säästää, se vihaa lastaan; mutta joka häntä rakastaa, se häntä ajoissa kurittaa" (Sananlaskut 13:24). "Hulluus on kiertynyt kiinni poikasen sydämeen, mutta kurituksen vitsa sen hänestä kauas karkoittaa" (Snl 22:15). "Älä kiellä poikaselta kuritusta, sillä jos lyöt häntä vitsalla, säästyy hän kuolemasta" (Snl 23:13). Minä korostan tätä, koska me asumme sallivassa yhteiskunnassa. Olen usein nähnyt nuorten vanhempien yrittävän järkeillä kaksi- ja kolmevuotiaiden lasten kanssa. Meidän on tietenkin oltava rehellisiä ja järkeviä lasten kanssa. Meidän on pakko rakastaa heitä. Mutta pienet lapset eivät ymmärrä järkeilemistä. Ainoa, jota he todella ymmärtävät, kun eivät suostu tottelemaan, on kuritus. Jos vain laittaisimme Jumalan Sanan toimeen lasten kasvattamisessa yhtä paljon kuin niin kutsuttujen lasten asiantuntijoiden ohjeet, niin me säästäisimme paljon vaivaa.

Yksi Sananlaskujen kirjan pääteemoista on lasten kurinpito: "Kuule, poikani, isäsi kuritusta äläkä hylkää äitisi opetusta" (Snl 1:8). "Totuta poikanen tiensä suuntaan, niin hän ei vanhanakaan siitä poikkea" (Snl 22:6). Vanhempien täytyy vaatia, että heidän lapsensa tottelee. Lapset ovat vastuullisia teoistaan. "Teoistansa tuntee jo poikasenkin, onko hänen menonsa puhdas ja oikea" (Snl 20:11). Lapsillakin voi olla paha maine tai hyvä maine, esimerkkinä Samuel. Samuel oli hyvin nuori, kun Herra kutsui hänet palvelukseen. Daavidkin oli vain poika, kun Herra ensin alkoi käyttää häntä. Kuningatar Ester oli vain nuori nainen, kun Herra käytti häntä pelastamaan kansansa. Daniel ja ystävänsä olivat teinikäisiä, kun he seisoivat Herran puolella, ja Herra siunasi heitä. Samoin lapsilla nykyään on selvä mahdollisuus tehdä joko hyvää tai pahaa. Lapset ovat vastuussa teoistaan.

Vanhempien kunnioittaminen on hyvin vakava asia Jumalalle. Vanhan testamentin lain alla Jumala käski näin: "Joka kiroaa isäänsä tai äitiänsä, se rangaistakoon kuolemalla" (2 Moos 21:17). Jumalan laki vaati silloin, että kapinoiva tottelematon poika oli teloitettava heittämällä kiviä (5 Moos 21:18-21). Tämä saattaa kuulostaa liian jyrkältä, mutta se näyttää, miten tärkeänä Jumala pitää lasten kurinpitoa. Jos lapsi ei voi olla kuuliainen vanhemmilleen, hän ei myöskään voi olla kuuliainen

Jumalalle. Ihminen, joka kasvaa kunnioittavana ja kuuliaisena vanhempiaan kohtaan, on myös kunnioittava ja kuuliainen muillekin johtajille. Jumala on määrännyt, että lapsi tottelee Häntä vanhempiensa kautta aivan samoin kuin kansalainen, joka tottelee lakia, tottelee Jumalaa.

Lapset kasvavat ja tulevat yhä itsenäisemmiksi vanhemmistaan. Lopulta he muuttavat kotoa ja ansaitsevat oman elatuksensa. Milloin lapsi voi lakata olemasta kuuliainen vanhemmilleen? Tässä sana 'lapsille' (tekna) ei viittaa ainoastaan pieniin lapsiin vaan mihin tahansa jälkeläisiin. "Lapset, olkaa vanhemmillenne kuuliaiset" (j. 1). Kasvaneidenkin lasten on vielä oltava kuuliaisia vanhemmilleen. Sillä ei ole väliä kuinka vanhoja he ovat tai ovatko he muuttaneet pois kotoa, he ovat vielä vanhempiensa auktoriteetin alla, kunnes he menevät naimisiin. Kun he ovat naimisissa, he perustavat oman perheensä.

Tämä ei mitenkään tarkoita, että vanhemmat saavat hallita liikaa lapsiaan, kun he ovat riittävän isoja hyväksymään velvollisuuksia. Vanhempien täytyy pikku hiljaa luovuttaa velvollisuuksia lapsilleen, mutta lasten pitäisi aina kunnioittaa vanhempiaan. Joskus vanhemmat ovat väärässä. Lasten ei ole pakko totella vanhempia tekemällä syntiä. Meidän on tietenkin toteltava Jumalaa enemmän kuin ihmisiä, mutta ellei se ole selvästi väärin, on parempi totella vanhempia.

Tässä on suuri lupaus lapsille, jotka kunnioittavat vanhempiaan: "Kunnioita isääsi ja äitiäsi - tämä on ensimmäinen käsky, jota seuraa lupaus, että menestyisit ja kauan eläisit maan päällä" (j. 2-3). Lapsille, jotka kunnioittavat vanhempiaan, on luvattu pitkä ja onnellinen elämä: "että menestyisit ja kauan eläisit maan päällä." Tämä on lainaus kymmenestä käskystä (2 Moos 20:12). Se on ainoa käsky kymmenestä, joka liittyy perheeseen. Lapsi-vanhempi suhde tuntuu olevan kaikkein tärkein suhde yhteiskunnassa, koska se tekee ihmisestä vastuullisen aikuisen myöhemmin.

Olisi liikaa odottaa ei-kristittyjen perheiden ymmärtävän ja toteuttavan tätä. Kyseessä on kristitty perhe. Perhe, joka tottelee Jumalan Sanaa, asuu rauhassa toistensa kanssa. Jumala haluaa säilyttää uskovan siemenen maassa. Usko siirtyy sukupolvesta toiseen. Lasten, jotka ovat kuuliaisia vanhemmilleen, on helpompi olla kuuliaisia Jumalalle. Kun lapsi on riittävän vanha ymmärtämään evankeliumin, että Jeesus kuoli hänen syntiensä tähden, niin hänkin usein uskoo ja pelastuu. Lapsen, jolla on Kristus sydämessään, pitäisi ehdottomasti totella vanhempiaan.

Joskus Jumala asettaa uskovia lapsia koteihin, missä on ei-uskovia vanhempia. Näiden lasten paras keino voittaa vanhempiaan Kristukselle on olemalla kuuliainen heille kaikessa. En minä ehdota, että lapsi aina yrittäisi saarnata vanhemmille suoranaisesti. Vanhemmat eivät hyväksyisi sitä. Se rikkoo Jumalan säätämät roolit lapsen ja vanhempien välillä, vaikka lapsi olisi nuori aikuinen. Jos sinun vanhempasi eivät ole uskossa, niin sinun suurin vaikutusvaltasi heihin on kunnioittaa heitä ja olla heille kuuliainen. Anna heidän nähdä muuttunut elämäsi Kristuksessa.

Lasten kasvattaminen vaatii paljon työtä ja kärsivällisyyttä. Joskus on helppo menettää malttinsa itsepäisten lasten kasvattamisessa. Siksi meille annetaan vielä yksi tärkeä käsky: "Ja te isät, älkää kiihoittako lapsianne vihaan, vaan kasvattakaa heitä Herran kurissa ja nuhteessa" (j. 4). Isällä on suurin valta lasten kasvattamisessa. Hän voi helposti vaatia liikaa lapsiltaan. Äidit voivat hyvin tehdä saman. Meidän on muistettava, että lasten on nautittava kunnollisesta lapsuudesta. Me emme voi odottaa, että he käyttäytyisivät kuin aikuiset.

Ei ole väärin olla lapsellinen. He ovat lapsia. Antaa heidän nauttia siitä. Meidän tehtävämme on ohjata heidän kehitystään ja opetustaan.

Me voimme ohjata heitä, mutta emme voi hallita heidän tahtoaan. He ovat yksilöitä Jumalan edessä. On helppo kiihottaa heidät vihaan tai masentaa heidät vaatimalla liikaa heiltä. Tiedän, että monet vanhemmat odottavat ensimmäisen lapsensa olevan täydellinen. Hän ei ole täydellinen, ja te vain rasitatte itseänne ja lapsianne yrittäessänne tehdä hänestä täydellistä. Joskus vie aikaa nähdä kehitystä joillain aloilla. Sen takia meidän on oltava kärsivällisiä ja rohkaisevia. Olen usein nähnyt vanhempien huutavan lapsilleen. Usein nämä vanhemmat uskovat, että on väärin kurittaa, niinpä he haukkuvat sanoilla. Lapsi tietää, että he saavat olla tottelematta, kunnes kiljuminen saavuttaa tietyn sävyn. Tuollainen kurinpito on väärin. Heidän kotinsa on kuin talo täynnä hulluja. Jokainen huutaa toiselle.

Kärsivällinen, rakastava ja johdonmukainen kurinpito on ainoa oikea tapa kasvattaa perhettä. Se vaatii aikaa ja ahkeraa työtä. Täytyy olla aikoja, jolloin pidetään hauskaa, ja myös aikoja, jolloin oikaistaan. Jos me olemme johdonmukaisia alusta saakka, niin on paljon helpompaa myöhemmin. Minun perheeni on tärkein omaisuuteni pelastukseni jälkeen.

Hengellä täyttynyt perhe noudattaa Raamattua, ja heillä on sopu kodissaan. Itsepäinen lapsi joutuu lopulta rangaistavaksi. Hän saattaa selvitä aikuiseksi mutta ei voi päästä Jumalaa pakoon. "Ja vielä: meillä oli ruumiilliset isämme kurittajina, ja heitä me kavahdimme; emmekö paljoa ennemmin olisi alamaiset henkien Isälle, että eläisimme? Sillä nuo kurittivat meitä vain muutamia päiviä varten, oman ymmärryksensä mukaan, mutta tämä kurittaa meitä tosi parhaaksemme, että me pääsisimme osallisiksi hänen pyhyydestään" (Hep12:9-10).

22.

TAISTELU MIELESTÄ
Roomalaiskirje 12:2

Elämässä käydään jatkuvaa taistelua ihmisten mielistä. Ihmiset ovat pahan järjestelmän uhreja, joka miltei varmasti voittaa heidän kiintymyksensä tavalla tai toisella. Ihmismieliä hallitsevat tämän aikakauden vastustamattomat voimat. Jokainen meistä syntyy järjestelmään, joka opettaa meille, mitä rakastaa ja mitä vihata. Tämä järjestelmä säätelee meitä tiukasti määrätyissä rajoissa. Sitä ei voi paeta. Useimmat ihmiset eivät edes pidä tätä järjestelmää jonain, jota pitäisi paeta. Puhun tietysti maailmasta. Ainoa mahdollinen pakotie tästä pahasta järjestelmästä on pelastuminen Jeesuksen Kristuksen kautta.

Sen jälkeen kun Paavali on kehottanut meitä antamaan ruumiimme eläväksi uhriksi Jumalalle, hän kehottaa: Älkääkä mukautuko tämän maailmanajan mukaan, vaan muuttukaa mielenne uudistuksen kautta, tutkiaksenne, mikä on Jumalan tahto, mikä hyvää ja otollista ja täydellistä (Room 12:2). Emme saa antaa itsemme mukautua tämän maailmanajan mukaan. Tätä maailmanaikaa tarkoittava kreikan sana on "aion", joka merkitsee aikakautta. Se tarkoittaa Saatanan sanelemaa arvojärjestelmää. Paholaista kutsutaan "tämän maailman jumalaksi" (2 Kor 4:4). Hän vaikuttaa ihmisten elämään ja ajatteluun vallitsevan maailmanjärjestelmän kautta.

Maailmanjärjestelmää ei ole helppo määritellä. Se on joukko arvoja, jotka määräävät pelastumattomien ihmisten elämää. Se on niiden tavoitteiden, ihanteiden ja arvojen joukko, joka on toiminut kaikkien ihmisten liikkeellepanevana voimana aina Kainin ja Aabelin päivistä asti. Se on demonis-humanistisen elämänfilosofian summa. Maailmanaika on asenne, joka kiinnittää huomionsa tämän elämän katoaviin asioihin. Maailmanajan olemus näkyy viimeisimmässä muodissa, siinä mikä on suosittua, mikä on menestyvää, mikä on ihmisjoukkojen suuresti arvostamaa. Tämän maailmanajan asenne ilmenee aina siellä, missä himoitaan rikkautta, kauneutta, suosioita ja valtaa.

Kuitenkaan mikään näistä asioista ei itsessään ole välttämättä väärä. Sydämen rakkaus näihin asioihin on se, mikä niissä on väärää. Se asenne, että tahtoo mukautua näiden arvojen mukaan, on väärin. Maailmallisuus on asenne, joka mukautuu yhteiskunnan mittapuiden mukaan, ei Jumalan. Tarkastele kenen tahansa pelastumattoman ihmisen arvoja, ja näet maailman arvot. Ne voivat olla monia asioita. Ne muuttuvat aina. Ne ovat hyvin salakavalia. Mutta ne ovat aina olennaisesti Jumalaa vastustavia.

Jaakob sanoo ystävyyden maailman kanssa merkitsevän vihollisuutta Jumalaa vastaan: "Te avionrikkojat, ettekö tiedä, että maailman ystävyys on vihollisuutta Jumalaa vastaan? Joka siis tahtoo olla maailman ystävä, siitä tulee Jumalan vihollinen" (Jaak 4:4). Harkitse tätä, jos olet sellainen, jonka täytyy aina seurata viimeistä muotia, joka on hyvin perillä kaikista maineikkaista elokuvanäyttelijöistä, joka tuntee kaikki huippu-urheilijat nimeltä tai jonka jalka aina vipattaa uusimman musiikin tahtiin.

Me emme saa antaa itsemme mukautua tämän maailmanajan arvojärjestelmän mukaan. Aivan kuten kuuma vaha saa muotonsa muotista, johon se kaadetaan, mekin voimme antaa maailman arvojen määrätä elämäntapamme. Voit tavoitella miljoonia "hyviä" asioita, jotka eivät ole sinänsä pahoja. Monet niistä voivat olla jopa välttämättömiä. Mutta kun annamme noiden asioiden tulla rakastamisen arvoisiksi, ne vetävät meidät pois Jumalan yhteydestä.

Uskonnolliset ihmiset voivat myös olla maailmallisia. Se näkyy hyvin meidän ajassamme. Monet kristityt ovat erittäin maailmallisia. Heillä on väärät arvot kuten korinttolaisilla, jotka halusivat vain saada puhumalla ilmeneviä armolahjoja ja kaikkia näkyviä lahjoja. Monet seurakunnat käyttävät maailman musiikkia, johon on vain lisätty kristilliset sanat. He käyttäytyvät aivan kuten maailma käyttäytyy. He luulevat auttavansa Jumalaa mutta ovat itsekin hämmentyneitä. Maailma pyrkii aina etäännyttämään meidät Jumalasta. Paavali valitti erään työtoverinsa lähtöä: "Sillä tähän nykyiseen maailmaan rakastuneena jätti minut Deemas ja matkusti Tessalonikaan" (2 Tim 4:10).

Maailma on toivottoman turmeltunut. Pietari kirjoitti uskoville, että "hän [Jumala] on lahjoittanut meille kalliit ja mitä suurimmat lupaukset, että te niiden kautta tulisitte jumalallisesta luonnosta osallisiksi ja pelastuisitte siitä turmeluksesta, joka maailmassa himojen tähden vallitsee" (2 Piet 1:4). Tämän maailman viisaus on hulluutta Jumalan silmissä: "Sillä tämän maailman viisaus on hullutus Jumalan silmissä. Sillä kirjoitettu on: 'Hän vangitsee viisaat heidän viekkauteensa'" (1 Kor 3:19).

Olimme kaikki kerran tämän maailmanjärjestelmän orjuuttamia. "Ja Jumala on eläviksi tehnyt teidät, jotka olitte kuolleet rikoksiinne ja synteihinne, joissa te ennen vaelsitte tämän maailman menon mukaan, ilmavallan hallitsijan, sen hengen hallitsijan, mukaan, joka nyt tekee työtään tottelemattomuuden lapsissa" (Ef 2:1-2). Jeesus Kristus ei pelasta meitä vain synneistämme vaan myös tästä maailmanajasta. "Joka antoi itsensä alttiiksi meidän syntiemme tähden, pelastaaksensa meidät nykyisestä pahasta maailmanajasta meidän Jumalamme ja Isämme tahdon mukaan" (Gal 1:4). Jumalan ihmisten täytyy pitää itsensä erossa maailmasta. "Puhdas ja tahraton jumalanpalvelus Jumalan ja Isän silmissä on käydä katsomassa orpoja ja leskiä heidän ahdistuksessaan ja varjella itsensä niin, ettei maailma saastuta" (Jaak 1:27).

Maailma on voimakas vihollinen vastustettavaksi. Me olemme maailmassa, mutta me emme ole osa tätä maailmaa. Jos yritämme vetäytyä maailmasta liikaa, voimme helposti langeta toiseen äärimmäisyyteen. Voimme tulla lakihenkisiksi tai jopa eristäytyä yhteiskunnasta. Sekään ei ole Jumalan tahto. Tällä alueella ei saavuteta voittoa tulemalla epäsuosituksi tai huolimattomaksi ulkonäön suhteen tai epäonnistumalla tahallaan. Katoliset munkit ja lestadiolaisuuden kaltaiset vanhakantaiset uskonnot ovat pudonneet samaan maailmallisuuden ansaan päinvastaisella tavalla. He kuvittelevat pääsevänsä lähelle Jumalaa vetäytymällä yhteiskunnasta. Ei se niin käy.

On vain yksi tapa olla mukautumatta tämän maailmanajan mukaan. Se on: muuttukaa mielenne uudistuksen kautta (j. 2). Mielen täytyy uudistua, sillä mieli on juuri se paikka, missä uskovan uudistettu luonto kohtaa vanhan syntisen lihan ja turmeltuneen maailman.

Uskovan mielestä käydään tulista taistelua. Uskosta osaton ei tätä taistelua tunne. Hän osallistuu halukkaasti maailman filosofiaan. Mutta uskova voi elää joko Jumalan tahdon mukaan tai tämän pahan maailman mukaan. Kaikki riippuu hänen mielestään, hänen tahdostaan, siitä, mitä hän päättää tehdä.

Sana "muuttua" on kreikaksi metamorphoo. Kun silkkiäistoukka kuoriutuu kotelostaan, se on muuttunut toukasta kauniiksi perhoseksi. Se on hyvin dramaattinen ja täydellinen muodonmuutos, metamorfoosi. Meidän mielemme tulee jatkuvasti muuttua. Luonnolliset mielemme ovat syntisiä ja tämän maailmanajan arvoihin ja tapoihin mukautuneet. Tunnemme oikein hyvin tämän maailman ajatukset, koska ne olivat myös meidän ajatuksiamme ja asenteitamme ennen pelastumistamme.

Mielemme uudistuminen tapahtuu Pyhän Hengen työn kautta, kun opimme Jumalan Sanasta. Jumala ilmaisee tahtonsa kirjoitetussa Sanassaan. Ainoa keino oppia tuntemaan Jumalan tahto on tuntea Hänen Sanansa. Meidän on mukautettava ajattelumme Jumalan ajattelutapaan. Kun hyväksymme Jumalan Sanan ja alamme soveltaa Hänen periaatteitaan elämäämme, alamme yhä vähemmän arvostaa niitä arvoja, joita olemme oppineet tästä maailmasta. Silloin emme tee syntiä. "Minä kätken sinun sanasi sydämeeni, etten tekisi syntiä sinua vastaan" (Ps 119:11). Uudistettu mieli on Jumalan Sanan kyllästämä. Jumalan Sana on kuin saippua. Se pesee pois synnin ja väärät arvostukset.

Saavutamme voiton mielistämme käytävässä taistelussa alistumalla Jumalan tahtoon. Tutkiaksenne, mikä on Jumalan tahto, mikä hyvää ja otollista ja täydellistä (j. 2b). Sana "tutkia" on alkutekstissä dokimadzo, joka tarkoittaa koetella, nähdä tai erottaa. Jumalan tahto on, että emme tee syntiä, että olemme pyhiä ihmisiä. Se, kuinka elämme, osoittaa mitkä ovat elämäämme ohjaavia periaatteita. Jos elämme kuten muutkin, osoitamme, ettemme ole kokeneet uudistusta. Jos elämme Jumalan tahdon mukaan, osoitamme, että mielemme on uudistunut. Näytämme maailmalle, mikä Jumalan tahto on, tekemällä sitä, mikä on hyvää ja otollista ja täydellistä.

Uudistettu mieli haluaa sitä, mitä Jumala haluaa. Jumalan tahto on hyvä. Juuri niin, se on suurenmoinen! Kun mielemme uudistuvat, teemme todella mielellämme Hänen tahtonsa. Ei ole lainkaan raskasta tehdä sitä, mikä on hyvää ja Jumalalle mieluista. Päinvastoin, se juuri on kaikkein riemullisinta kuuliaiselle kristitylle. Jumalan tahdon tekeminen tekee elämästä merkityksellisen. Silloin ymmärrämme täällä olemisemme iankaikkisen tarkoituksen. Jumalan tahdon täyttäminen on tyydyttävintä, mitä kukaan voi tehdä.

Pelastuksesta osattomat ihmiset kuluttavat koko elämänsä hankkiakseen vaurautta ja mainetta. Lopulta he kysyvät epätoivoisesti: "Mikä on elämän tarkoitus?" He eivät saa koskaan tyydytystä, sillä maailman arvot ovat petollisia. Jumala loi ihmisen palvelemaan Häntä. Vain alistamalla tahtomme Jumalan tahtoon koemme elämämme täyttymyksen. Vain silloin voimme toteuttaa sen tarkoituksen, jota varten meidät on luotu. Ja usko pois, se on suurenmoista! Ei ole mitään niin ihanaa kuin elää sopusoinnussa Jumalan tahdon kanssa.

Kun kristityt ovat onnettomia, se voi olla merkki siitä, etteivät he ole alistuneet Jumalan tahtoon jollakin elämänsä alueella. Kenties he ovat itsekkäitä jossakin asiassa tai salaavat jotakin Jumalalta. Siinä kohtaa he ovat hävinneet mielestään käydyn taistelun. He ovat taipuneet siihen maailman esittämään valheeseen, että ihmisen pitää palvella itseään enemmän kuin Jumalaa. Onnettomat kristityt eivät ole uudistaneet mieliään Jumalan Sanalla. He luulevat voivansa saada parhaan annin Kristuksesta ja parhaan annin tästä maailmasta yhtä aikaa. Se on mahdotonta. Kristitty voi olla onnellinen vain siten, että hän alistuu täydellisesti Jumalan tahtoon elämänsä kaikilla alueilla.

Meidän täytyy uudistaa mielenmuutoksemme usein niin kuin ruumiimmekin antaminen eläväksi uhriksi Jumalalle. Maailmalla on keinonsa kutsua meitä takaisin. Maailma miellyttää kaikkia fyysisiä aistejamme ja houkuttelee meitä omaksumaan sen uudelleen. Tämä houkutus on hyvin salakavala ja läsnä jatkuvasti. Niin kauan kuin tässä ruumiissa viivymme, meidän mielistämme ja mieltymyksistämme käydään taistelua. Heti kun lakkaamme uudistamasta mieltämme Jumalan Sanalla, löydämme itsemme ajelehtimasta takaisin maailman ajattelutapoihin. Jos olemme huolimattomia, voimme käyttäytyä aivan kuten meitä ympäröivä pelastumaton yhteiskunta. Emme voi millään suojautua tältä salakavalalta taipumukselta paitsi uudistumalla jatkuvasti Jumalan Sanan kautta Jumalan ihmisten seurassa.

23.

SANAN VÄÄRENTÄMÄTÖN MAITO

1 Pietari 2:1-3

Aito pelastus synnyttää aina janon Jumalan Sanan väärentämättömään maitoon. Pankaa siis pois kaikki pahuus ja kaikki vilppi ja ulkokultaisuus ja kateus ja kaikki panettelu, ja halatkaa niinkuin vastasyntyneet lapset sanan väärentämätöntä maitoa, että te sen kautta kasvaisitte pelastukseen, jos "olette maistaneet, että Herra on hyvä" (j. 1-3). Yksi varmimmista pelastuksen merkeistä on rakkaus Jumalan Sanaan. Aivan kuten Jeesus sanoi ulkokultaisille: "Joka on Jumalasta, se kuulee Jumalan sanat. Sentähden te ette kuule, koska ette ole Jumalasta" (Joh 8:47). Jumalan ihmiset ovat aina halanneet Sanaa. Psalmi 119 on pisin luku Raamatussa. Se on kokonaan Jumalan Sanan suloisuudesta. "Sinun todistuksesi ovat minun iloni, ne ovat minun neuvonantajani" (Ps 119:24). Tuon psalmin lukeminen antaa ihmiselle syvän kunnioituksen Jumalan Sanaa kohtaan. On kristitylle sopimatonta ja uskomatonta olla päiväkausia ja viikkoja lukematta Jumalan Sanaa ja iloitsematta siitä.

Uskovan hengellinen vahvuus tai heikkous on välittömässä suhteessa siihen, miten paljon hän rakastaa Jumalan Sanaa ja iloitsee sen lukemisesta ja mietiskelystä. Joku on sanonut viisaasti: "On joko niin, että Raamattu pitää sinut erossa synnistä tai että synti pitää sinut erossa Raamatusta." Se on aivan totta. Jos ajaudumme pois säännöllisestä ja henkilökohtaisesta Raamatun parissa vietetystä hartaudenharjoituksesta, meistä tulee helppoja saaliita synnille. Meidän on päivittäin käytettävä aikaa Jumalan Sanan lukemiseen ja sen totuuden pohdiskeluun. Sanan väärentämättömälle maidolle ei ole olemassa mitään korviketta. Raamatun opiskeluun tarkoitetuilla kirjoilla ja muilla materiaaleilla on oma hyödyllinen paikkansa, mutta mikään ei saa korvata uskovan välittömään Jumalan Sanan lukemiseen käyttämää henkilökohtaista aikaa. Minua rohkaisee, kun ihmiset kertovat minulle tulleensa siunatuiksi lukiessaan materiaalejani, mutta toivon, etteivät nämä ihmiset luule minun kirjoitusteni korvaavan henkilökohtaista Raamatun lukemista.

Me tiedämme, miten tärkeää Jumalan Sana on, ja kuitenkin jätämme usein nauttimatta sitä johdonmukaisesti. Mitä voimme tehdä korjataksemme tuon asian? Ensiksi meidän täytyy muistaa, mikä on hengellisen elämämme lähde. 1 Pietari 2:1 sanoo: "Pankaa siis," viitaten taaksepäin ensimmäiseen lukuun. Toisin sanoen, sen valossa, että "olette uudestisyntyneet, ette katoavasta, vaan katoamattomasta siemenestä..." (luku 1:23), meidän pitäisi halata Sanan väärentämätöntä maitoa. Muistakaa, että juuri Jumalan Sana antoi teille hengellisen elämän. Meidän pitäisi myös muistaa, että elämä on hyvin lyhyt: "Kaikki liha on kuin ruoho, ja kaikki sen kauneus kuin ruohon kukkanen; ruoho kuivuu ja kukkanen varisee, mutta Herran sana pysyy iankaikkisesti." (1 Piet 1:24-25)

Sana on meidän elämämme lähde. Meidän pitäisi janota sitä. "Herran laki on täydellinen; se virvoittaa sielun. Herran todistus on vahva, se tekee tyhmästä viisaan. Herran asetukset ovat oikeat, ne ilahuttavat sydämen. Herran käskyt ovat selkeät, ne valaisevat silmät. Herran pelko on puhdas, se pysyy iäti. Herran oikeudet ovat todet, kaikki tyynni vanhurskaat. Ne ovat kalliimmat kultaa, puhtaan kullan paljoutta, makeammat hunajaa ja mehiläisen mettä" (Ps 19:8-11).

Ikävä kyllä, nykyajan kiireisessä yhteiskunnassamme me usein laiminlyömme Jumalan Sanan, koska olemme liian varattuja. Asioittemme arvojärjestyksessä on silloin korjattavaa. Jos olemme liian varattuja pitääksemme säännölliset hartaudenharjoitukset, meidän pitäisi luopua TV:stä tai urheilusta tai muista epäolennaisista toiminnoista. On syntiä olla liian kiireinen nauttiakseen Jumalan Sanasta. On monia houkuttelevia harrastuksia, jotka eivät sinänsä ole pahoja, mutta ne ryöstävät meiltä sen, mikä on parasta. Ikävä kyllä, monet Jumalan ihmiset näyttävät olevan kykenemättömiä vastustamaan yhteiskuntamme monia epäolennaisia toimintoja. Meidän täytyy karsia pois joitakin asioita elämästämme, ellei meillä ole omistaa aikaa Herralle henkilökohtaisessa Raamatun lukemisessa. Sanon "henkilökohtaisessa" Raamatun lukemisessa, koska oletan sinun käyvän jumalanpalveluksissa, missä opetetaan Jumalan Sanaa. Oletan sinun olevan aktiivinen Herran palvelemisessa, ehkä opettaen Raamattua lapsille tai muille. Mutta sen lisäksi me tarvitsemme vielä säännöllisesti yksityistä laatuaikaa Herran kanssa Hänen Sanassaan ja rukouksessa.

Jumalan Sana on "väärentämätöntä" eli erehtymätöntä. Se on ainoa aidosti puhdas hengellisen ravinnon lähde. Nykyisin on olemassa monia kristillisiä aikakausilehtiä, kirjoja ja jopa TV-ohjelmia. Joissakin näissä ihmiset jakavat todistuksiaan ja henkilökohtaisia kokemuksiaan. Jotkut näistä kokemuksista voivat olla hyvin sentimentaalisia tai sensaatiomaisia. En oikein tiedä miten paljon huomiota meidän olisi kiinnitettävä niihin. Ne ovat usein liioiteltuja ja harhaanjohtavia. Tietenkin monissa kirjoissa, lehdissä ja ohjelmissa on jotain arvokasta, mutta ne eivät ravitse meitä kuten "sanan väärentämätön maito" (j. 2). Ne voivat olla kuin hattaran syöntiä. Ne maistuvat makeilta mutta eivät anna meille tarvitsemaamme ravintoa. Makeiset ja muu "roskaruoka" ovat petollisia, koska ne voivat saada meidät tuntemaan itsemme kylläisiksi, mutta ne eivät ravitse meitä. Aivan samoin kuin ei voi olla terve syömällä koko ajan roskaruokaa, me emme voi olla hengellisesti vahvoja elämällä keveiden hengellisten ruokien ruokavaliolla. Me tarvitsemme ravitsevasta ruoasta koostuvan, hyvin tasapainotetun ruokavalion. Uskovina me tarvitsemme "sanan väärentämätöntä maitoa."

Vastasyntynyt vauva haluaa kaikkein eniten äitinsä maitoa. Ja halatkaa niinkuin vastasyntyneet lapset sanan väärentämätöntä maitoa, että te sen kautta kasvaisitte pelastukseen (j. 2). Tämä esimerkki on hyvin selkeä. Vauva tietää, mitä haluaa, kun hän on nälkäinen. Hän haluaa imeä äitinsä rintaa ja itkee, kunnes hän saa sitä. Hän ei hyväksy mitään korviketta. Jos yrität tarjota hänelle perunalastuja, hän itkee ja nostaa kauhean hälyn. Hän ei hyväksy edes karamellia tai makeaa jälkiruokaa. Hän tietää, mitä tahtoo, eikä tyydy mihinkään sen vähempään. Se on elämän luonnollisin asia. Äitinsä rintaa imevä vauva on maailman tyytyväisin näky. Se on aina ollut niin ja tulee aina olemaan. Kristukseen uskovina me tarvitsemme Jumalan Sanaa aivan yhtä paljon kuin vauva tarvitsee maitoa. Meistä pitäisi olla luonnollista, että nautimme Sanasta. Se on halu, jonka Jumala on pannut meidän sydämiimme.

Kuitenkin on toimintoja ja asenteita, jotka vähentävät kaipaustamme Sanaan, nimittäin synti. Meidän on käännyttävä pois synnistä. Pankaa siis pois kaikki pahuus ja kaikki vilppi ja ulkokultaisuus ja kateus ja kaikki panettelu (j. 1). Tämä luettelo koskee enimmäkseen asenteita ja kielen syntejä. Kristityn on helppo langeta näihin synteihin, ellemme pidä varaamme. "Pahuus" on pahaa yleisellä tavalla. Se on vihamielisyyden ja pahantahtoisuuden asenne. Se itää sydämessä, kun emme anna anteeksi loukkauksia. Se on seurausta haavoittuneen mielen hellimisestä. Pahuuteen sisältyy viha ja katkeruus. Kun jotkut loukkaavat meitä ja jätämme antamatta heille sydämestämme anteeksi, seurauksena on kauna heitä kohtaan. Meillä ei ole siihen varaa. Se vaikuttaa ajatteluumme ja ryöstää meiltä ilomme. Meidän on pantava pois kaikki pahuus täydellisesti. Jos sallit kaunan jatkuvan, sinulla ei ole ruokahalua Jumalan Sanaan.

Tässä luettelossa on tietty progressio. Jos pahuuden sallitaan pysyä sydämissämme, se johtaa "vilppiin" ja "ulkokultaisuuteen." Kreikkalainen vastine sanalle "vilppi" (dolon) tarkoitti alunperin kalastuskoukkua tai syöttiä. Ne, jotka harjoittavat vilppiä, harjoittavat petosta. He laativat juonia toisten harhaanjohtamiseksi. He asettavat ansoja, jotta toiset lankeaisivat niihin. Tähän sisältyy ennakkoharkintaa ja viekkautta. Kun kristityt ryhtyvät sellaiseen, he ovat todella väärällä tiellä. He voivat saada aikaan äärettömän paljon vahinkoa seurakunnassa. Olen nähnyt sen. Seuraukset ovat traagiset!

"Ulkokultaisuus" on hirvittävä synti. Alkuperäinen sana tarkoitti naamarin käyttämistä, sitä, että yrittää esittää olevansa sellaista mitä ei ole. Jeesuksen uskonnolliset viholliset olivat ulkokultaisia. Ikävä kyllä, myös Jumalan ihmiset voivat käyttäytyä sillä tavoin. Alkuseurakunnassa eräs aviopari sopi keskenään, että he teeskentelevät antavansa enemmän rahaa kuin todellisuudessa antoivat. "Mutta eräs mies, nimeltä Ananias, ja hänen vaimonsa Safiira myivät maatilan, ja mies kätki vaimonsa tieten osan hinnasta, ja osan hän toi ja pani apostolien jalkojen eteen. Mutta Pietari sanoi: 'Ananias, miksi on saatana täyttänyt sinun sydämesi, niin että koetit pettää Pyhää Henkeä ja kätkit osan maatilan hinnasta?'" (Apt 5:1-3). Tämän petoksen johdosta Jumala löi heitä, ja he molemmat kuolivat. Tunnet varmaan kertomuksen. Jumala vihaa ulkokultaisuutta enemmän kuin mitään muuta. Jeesus nuhteli siitä ankarasti fariseuksia (Matt 23). Jos Jumala tuomitsisi kaiken ulkokultaisuuden kuten Hän teki Apostolien tekojen luvussa 5, olisi tänään paljon vähemmän kristittyjä. Meidän on pantava pois ulkokultaisuus.

Seuraava synti on "kateus." Kateus merkitsee, että olet tyytymätön siihen, mitä Jumala on antanut sinulle, ja haluat jotain, mitä toisella on. Tämä alkaa kiittämättömyydellä. Meidän täytyy olla kiitollisia siitä, mitä meillä on. Ei ole viisasta verrata itseämme toisiin. Siitä syntyy helposti tyytymättömyyttä ja kateutta.

Viimeisenä tässä luettelossa on panettelu. Panettelu on pahan puhumista niiden selän takana, joita arvostelet. Panettelu on niin vahingollista! Panettelu on mitä tahansa puhetta, mikä saattaa toiset epäoikeudenmukaisesti huonoon valoon. Se voi olla hyvin salakavalaa. Toisinaan me vain puhumme liikaa, ja siitä tavasta, jolla puhumme toisista, tulee ilmi väärä asenne. Pääsääntönä on, ettei kannata sanoa ihmisestä mitään, mitä et sanoisi suoraan hänelle itselleen. Tämä sääntö estäisi suurimman osan panettelusta ja pahan puhumisesta.

Kaikki nämä toimet ovat vastakohta veljien rakastamiselle. Meiltä kehotettiin: "rakastakaa toisianne hartaasti puhtaasta sydämestä" (luku 1:22b). Todellinen rakkaus ei sallisi meidän kadehtia toisia, puhua heistä pahaa tai kantaa sydämissämme mitään kaunaa heitä kohtaan. Jos huomaamme lipsuvamme näihin synteihin, meidän tarvitsee tehdä parannus ja panna pois kaikki nuo asiat.

 Eräs parhaita elämän merkkejä on kasvu. Jos ihminen sanoo olevansa kristitty mutta ei osoita mitään hengellisen kasvun merkkejä, voimme epäillä hänen pelastustaan. Jumalan tahto on, että me kasvamme pelastukseen nähden. Ja halatkaa niinkuin vastasyntyneet lapset sanan väärentämätöntä maitoa, että te sen kautta kasvaisitte pelastukseen, jos 'olette maistaneet, että Herra on hyvä' (j. 2-3). Jos meillä on hengellinen elämä, me kasvamme. Jotkut kristityt kasvavat hyvin hitaasti. He kasvavat hitaasti, koska eivät saa sopivaa hengellistä ravintoa. He laiminlyövät Sanan väärentämättömän maidon. Pietari ei puhu hengellisille pienokaisille vaan jokaiselle uskovalle.

 Oletko sinä maistanut, että Herra on hyvä (j. 3)? Ellei sinulla ole lainkaan ruokahalua Sanan puhtaaseen maitoon, jotakin on pahasti vinossa. Se on kuin anoreksia symptomi. Ruokaa on tarjolla, mutta ihminen ei tahdo syödä. Ihmiset voivat suorastaan näännyttää itsensä nälkään! Ainoa parannuskeino hengelliseen anoreksiaan on panna pois kaikki synti ja ryhtyä säännölliselle Raamatun Sanan ruokavaliolle. Tutki sydäntäsi ja paneudu Jumalan Sanaan. Jos et tiedä mistä aloittaa, aloita psalmista 119 tai Johanneksen evankeliumista.

24.

NAISSAARNAAJAT
Timoteuskirje 2:11-14

Nykyinen aikamme on Jumalaa vastaan kapinoimisen aikaa. Ihmiset kapinoivat Jumalan säätämää järjestystä vastaan. Tämä kapinoiminen ulottuu jo seurakuntaan ja jopa seurakunnan johtoon. Raamattu sanoo, että naiset eivät saa opettaa eivätkä vallita miehiä seurakunnassa. Nykyään naissaarnaajat ovat yleisiä monissa seurakunnissa. On naispappeja, naisevankelistoja ja kaikenlaisia naisjulistajia. Kun naiset kieltäytyvät alistumasta Jumalan Sanan alle ja miehet kieltäytyvät hyväksymästä tehtäviään johtajina kodeissa ja seurakunnissa, seuraus on Raamatun arvovallan täydellinen torjuminen. Raamattu vääristyy, sitä sovelletaan valikoivasti ja se poljetaan jalkoihin. "Tasa-arvon" nimissä naiset ovat vaatineet itselleen oikeuden saarnata Jumalan Sanaa miehille ja hallita miehiä seurakunnassa. Yhteiskuntamme on unohtanut Jumalan säätämän järjestyksen.

"*Oppikoon nainen hiljaisuudessa, kaikin puolin alistuvaisena; mutta minä en salli, että vaimo opettaa, enkä että hän vallitsee miestänsä, vaan eläköön hiljaisuudessa. Sillä Adam luotiin ensin, sitten Eeva; eikä Aadamia petetty, vaan nainen petettiin ja joutui rikkomukseen"* (1 Tim 2:11-14). Tämä raamatunkohta on selvä jokaiselle, joka alistuu Jumalan käskyvallan alle. Mutta niille, jotka eivät usko Raamattuun elämän ylimpänä auktoriteettina, ei tämä sen paremmin kuin muutkaan terveelliset Raamatun opetukset ole kyllin.

Meidän on alistuttava Jumalan Sanan auktoriteetille. Jumalan Sana on virheetön. Se soveltuu kaikille ihmisille kaikkina aikoina ja kaikissa kulttuureissa. Poikkeuksia ei ole. Jumalan Sana ei muutu. Ihmiset muuttuvat ja yhteiskunta muuttuu. Niinpä Jumalan kansalle onkin tyypillistä kuuliaisuus Jumalan Sanaa kohtaan riippumatta siitä, miten suosittua tai epäsuosittua se kulloinkin on.

Kysymys nais- ja miessaarnaajista ei ole älykkyys-, sopivuus- tai edes tasa-arvokysymys. Siinä on kysymys jumalallisesta järjestyksestä. Jumala on säätänyt järjestyksen luomakuntaansa. Jumala on määrännyt miehen johtamaan perheessä, yhteiskunnassa ja erityisesti seurakunnassa. Seurakunnassa naisten ei milloinkaan pidä opettaa tai hallita miehiä vaan vaieta.

Jotkut sanovat, että tämä vaatimus on vain kulttuuriin liittyvä asia. Tai että Paavali oli vain ennakkoluuloinen naisia kohtaan. Ei. Tämän käskyn perusta on luomisjärjestyksessä. Sillä Aadam luotiin ensin, sitten Eeva (j. 13). Jumala loi miehen ensiksi. Se asetti ennakkotapauksen tulevien aikojen kaikille sukupolville ja kulttuureille. Kun Jumala loi miehen ensin, Hän tarkoitti miehen johtamaan. Rukoilemisesta puhuessaan Raamattu sanoo, että naisen tulee peittää päänsä miehelleen alistumisen vertauskuvana. "Sillä mies ei ole alkuisin vaimosta, vaan vaimo miehestä; eikä miestä luotu vaimoa varten, vaan vaimo miestä varten"

(1 Kor 11:8-9). Tiedän, että monet eivät usko enää luomiseen, joten he eivät myöskään hyväksy tätä. Mutta tämä on syy miesten johtoasemaan seurakunnassa. Jumala sääti järjestyksen koko luomakuntaan, ja meidän on alistuttava Hänen suunnitteluunsa.

Kysymys ei ole koulutuksesta. Jumala haluaa naisten kouluttavan itseään hyvin. *Oppikoon nainen* (j. 11a) Jumalalla ei ole ennakkoluuloja naisia kohtaan. Jumala haluaa naisten oppivan mutta ei opettavan miehiä. Naiset ovat tasa-arvoisia miesten kanssa Kristuksen ruumiissa, mutta heidän tulee oppia *hiljaisuudessa, kaikin puolin alistuvaisena* (j. 11b). Raamattu ei millään tavoin aseta naista vähempiarvoiseksi mieheen nähden. Naiset voivat palvella monin tavoin. Naiset palvelivat Jeesusta (Luuk 8:2-3). Heitä oli Jeesuksen opetusta seuranneiden joukossa. Pietari muistuttaa meitä siitä, että naisille on osoitettava kunnioitusta (1 Piet 3:7). Pelastuksen suhteen "ei ole tässä juutalaista eikä kreikkalaista, ei ole orjaa eikä vapaata, ei ole miestä eikä naista; sillä kaikki te olette yhtä Kristuksessa Jeesuksessa" (Gal 3:28). Mutta se ei muuta Jumalan säätämää tehtäväjakoa miestä ja naista varten. Uudessa testamentissa palvelijoita käskettiin olemaan kuuliaisia isännilleen senkin jälkeen, kun olivat pelastuneet (Ef 6:5). Juutalaiset olivat yhä juutalaisia pelastumisensa jälkeen, ja miehen ja naisen välillä on yhä ero pelastumisen jälkeenkin. Jumalanpalvelusten yhteydessä naisten tulee pysyä vaiti ja ottaa itselleen oppijan asema. Hengellinen tasa-arvoisuus ei pyyhi pois roolieroja Jumalan säätämässä järjestyksessä.

Vain miehistä koostuva johto on aina ollut Jumalan tahto. Ei Vanhassa eikä Uudessa testamentissa ole naispappeja tai naisapostoleja. Vaikka Jumala puhuikin naisten kautta joissakin tapauksissa, yhdelläkään naisella ei koskaan ollut jatkuvaa profeetan tehtävää kuten Elialla, Elisalla tai muilla profeetoilla.

Yksikään Raamatun kirjoista ei ole naisen kirjoittama. Israelissa tai Juudassa ei ollut kuningattaria. Debora (Tuom 4:4) oli tuomari, mutta hän kieltäytyi johtamasta sotaretkeä osoittaen tilalleen miehen, Baarakin. Seurakunnan kaitsijan vaatimuksiin kuuluu se, että hän on yhden vaimon mies (1 Tim 3:2). Naispapeille tai -saarnaajille ei ole mitään raamatullisia perusteita.

Jotkut kunnianhimoiset naiset ovat sitä mieltä, että vain miehistä koostuva seurakuntajohto on ennakkoluuloista ja naista halventavaa. He väittävät saarnaavansa paremmin kuin miehet ja vaativat oikeutta saarnata. Tämä paljastaa kapinahengen Jumalan määräysvaltaa vastaan ja ylpeän asenteen. Oikea asenne myös miesjohtajille seurakunnassa on nöyryys ja Jumalan auktoriteetin alle alistuminen. Sillä ei ole väliä, kuinka hyvin nainen kenties osaa saarnata. Kyvykkyys ei ole tässä tärkeintä. Jumalan tahtoon alistuminen on tärkeintä. Ilman nöyrää alistumista ei voi olla tehokasta palvelutyötä. Naissaarnaajan on mahdotonta tuoda Jumalalle kunniaa, sillä hän kapinoi Jumalaa vastaan. Jumala ei voi kunnioittaa naista, joka vaatii itselleen määräysvaltaa seurakunnassa. Saatana oli ensimmäinen henkilö, joka nousi kapinaan Jumalaa vastaan. Kirkko tai seurakunta, joka hyväksyy naispapit tai naissaarnaajat muodossa missä tahansa, kapinoi Jumalaa vastaan ja on siinä kapinassaan saatanallinen.

Jumala asetti miehen naisen pääksi luodessaan Aadamin ennen Eevaa. Toinen syy, jolla apostoli Paavali perustelee sitä, että naisen tulee oppia hiljaisuudessa, on syntiinlankeemus. Sillä Aadam luotiin ensin, sitten Eeva; eikä Aadamia petetty, vaan nainen petettiin ja joutui rikkomukseen (j. 14). Eedenin puutarhassa käärme houkutteli Eevaa, kun hän oli yksin. "Mutta käärme oli kavalin kaikista kedon eläimistä, jotka Herra Jumala oli tehnyt; ja se sanoi vaimolle: 'Onko

kutsuen häntä herraksi; ja hänen lapsikseen te olette tulleet, kun teette sitä, mikä hyvää on, ettekä anna minkään itseänne peljättää" (1 Piet 3:5-6).

Jos tämä opetus on sinusta loukkaavaa etkä voi yhtyä siihen, silloin minun on kysyttävä sinulta yksi perustavampaa laatua oleva kysymys. Oletko varmasti pelastettu synneistäsi? Ellet ole syntynyt uudesti Jumalan Hengestä, elät yhä kapinassa Jumalaa vastaan ja sinun on tehtävä parannus. Jumalan ihmiset alistuvat Jumalan Sanan auktoriteetin alle. Jeesus kuoli pelastaakseen meidät synneistämme. Sinun on lakattava taistelemasta Jumalaa vastaan ja otettava nöyrästi Jeesus Kristus vastaan Herranasi ja Vapahtajanasi.

25.

HENGELLINEN YKSIMIELISYYS
Filippiläiskirje 2:1-2a

Suurin vaara mille tahansa seurakunnalle on hyökkäys sen auktoriteettia vastaan, nimittäin Jumalan Sanaa vastaan. Ilman Jumalan Sanan arvovaltaista totuutta meillä ei ole mitään. Toinen hyvin vakava uhka kaikille seurakunnille on epäyhtenäisyys. Filippin seurakunta oli enimmäkseen opillisesti terve. Mutta sitä uhkasi mahdollinen jakautuminen. Siellä oli kaksi naista, Euodia ja Syntyke (luku 4:2), jotka eivät tulleet hyvin toimeen keskenään. Tuo eripuraisuus voisi mahdollisesti levitä muihinkin ja tuhota seurakunnan yhtenäisyyden. Niinpä Paavalin täytyi puuttua tähän kysymykseen. Hengellinen yksimielisyys on välttämätöntä jokaiselle seurakunnalle, jotta se olisi riemuitseva ja tehokas.

"Jos siis on jotakin kehoitusta Kristuksessa, jos jotakin rakkauden lohdutusta, jos jotakin hengen yhteyttä, jos jotakin sydämellisyyttä ja laupeutta, niin tehkää minun iloni täydelliseksi siten, että olette samaa mieltä, että teillä on sama rakkaus, että olette sopuisat ja yksimieliset ettekä tee mitään itsekkyydestä tai turhan kunnian pyynnöstä, vaan että nöyryydessä pidätte toista parempana kuin itseänne ja että katsotte kukin, ette vain omaanne, vaan toistenkin parasta" (Fil 2:1-4).

Hengellinen yksimielisyys on yleinen teema Uudessa testamentissa. Se on jotain sellaista, mitä tarvitsee pitää yllä ahkerasti. Paavali sanoi: "Ja pyrkien säilyttämään hengen yhteyden rauhan yhdyssiteellä" (Ef 4:3). Me olemme luonnostamme erilaisia. Vaikka kaikissa oikeissa kristityissä asuukin sama Pyhä Henki ja he ovat yhtä Kristuksessa, meillä on erilaisia mieltymyksiä, erilaisia tyylejä, erilaisia mielipiteitä henkilökohtaisista asioista. Nämä erimielisyydet ovat henkilökohtaisia eivät perusoppia koskevia asioita. Perusoppi ei ole neuvoteltavissa oleva asia. Mutta johtuen inhimillisestä heikkoudestamme me olemme usein eri mieltä toisarvoisista seikoista. Kun nämä erimielisyydet nousevat esiin, hengellisesti kypsä uskova antaa periksi heikommalle veljelleen. Periksi antaminen heikomman veljen mielipiteille ei ole heikkoutta; se on nöyryyttä. "Heikkouskoista hoivatkaa, rupeamatta väittelemään mielipiteistä" (Room 14:1, jne.). Tässä kohden kompromissi ei ole väärin; se on ainoa rakkaudellinen tapa säilyttää ruumiin yhteys.

Kristuksen seurakunnan hajottaminen on yksi Saatanan päätavoitteista. Hänen taktiikkanaan on hajottaa ja hallita, ja hän tekee sen oikein hyvin. Hän on asiantuntija vähäisten henkilökohtaisten erimielisyyksien hyväksikäytössä luodoakseen riitelyä ja hajaannusta. Seuraukset voivat olla tuhoisia. Seurakunnasta tulee heikko ja jakautunut, joskus täysin voimaton. Meillä kaikilla on jatkuva haaste ylläpitää hengellistä yksimielisyyttä. Meidän täytyy oppia tasapainottamaan toisaalta opillista puhtautta koskevat vakaumuksemme ja toisaalta suvaitsevaisuus heikompia veljiä kohtaan. Se vaatii aina nöyryyttä ja suurta kärsivällisyyttä.

Hengellinen yksimielisyys ei ole asia, johon seurakunta voidaan pakottaa ulkopuolelta esimerkiksi jonkun kirkollisen hierarkian kautta. Täytyy olla olemassa sisäinen yhteistyön halu. Meidän on oltava hienotunteisia toisiamme kohtaan, ettemme loukkaisi. Hengellinen yhtenäisyys ei ole vain ulkonaista ja järjestöllistä. Sen täytyy olla sydämessä koettua ja sisäistä. Mutta se ei voi myöskään olla vain tunneperäistä. Syvimmällä tasollaan sen täytyy perustua rakkauteen Jeesusta Kristusta kohtaan Herrana ja yhteisiin vakaumuksiin terveestä opetuksesta. Meillä ei voi olla yhteyttä, ellemme ole yhtä mieltä perustotuudesta. Aito yhtenäisyys ei uhraa mitään perustavanlaatuista oppia. Sanon tämän, koska nykyinen ekumeeninen liike vähentää minimiin raamatullisen opin saavuttaakseen pinnallisen ykseyden. Sellainen ei ole hengellistä yhtenäisyyttä. On välttämätöntä, että meillä on sekä totuus että aito hengellinen yhteys.

Tässä tekstikohdassa Paavali antaa useita välttämättömiä elementtejä yhtenäisyydelle. Ensimmäinen on oikea motivaatio. "Jos siis on jotakin kehoitusta Kristuksessa, jos jotakin Hengen yhteyttä, jos jotakin sydämellisyyttä ja laupeutta, niin tehkää minun iloni täydelliseksi siten, että olette samaa mieltä" (j. 1-2a). Sanomalla "siis" Paavali viittaa taaksepäin siihen, mitä hän juuri sanoi luvussa 1:27 yksimielisyydestä, nimittäin että he pysyisivät "samassa hengessä ja yksimielisinä" (j. 27). Se on aitoa yhteyttä.

Paavali mainitsee neljä "jos" lausetta. 1) "Jos siis on jotakin kehoitusta Kristuksessa;" 2) "jos jotakin rakkauden lohdutusta;" 3) "jos jotakin Hengen yhteyttä," ja 4) "jos jotakin sydämellisyyttä ja laupeutta." Kreikan kielioppi antaa ymmärtää, että jokainen näistä on totta. Voisimme kääntää nämä "jos" sanat sanoilla "siksi" tai "koska." Jokainen asia on ilmeisesti totta. Toisin sanoen,

Paavali esittää vakuuttavan väitteen, että kaikkien nauttimiemme etujen vuoksi meidän pitäisi panna sivuun pikkumaiset riitamme ja olla yhdessä hengessä ja yksimielisiä.

Katsokaamme kaikkia näitä etuja yksi kerrallaan. Ensiksi, "kehoitusta Kristuksessa." "Kehoitus" (parakleisis) tarkoittaa rinnalle tulemista ja auttamista. Se on sellaista apua ja lohdutusta, jota laupias samarialainen antoi pahoinpidellylle muukalaiselle. "Mutta kun eräs samarialainen, joka matkusti sitä tietä, tuli hänen kohdalleen ja näki hänet, niin hän armahti häntä. Ja hän meni hänen luokseen ja sitoi hänen haavansa ja vuodatti niihin öljyä ja viiniä, pani hänet juhtansa selkään ja vei hänet majataloon ja hoiti häntä. Ja seuraavana aamuna hän otti esiin kaksi denaaria ja antoi majatalon isännälle ja sanoi: 'Hoida häntä, ja mitä sinulta lisää kuluu, sen minä palatessani sinulle maksan'" (Luuk 10:33-35). Tämä voisi kuvata sitä, mitä Kristus tekee meille pelastuksessa. Hän löytää meidät ryöstettyinä ja synnin haavoittamina, mutta Hän tulee rinnalle ja auttaa.

Hän lupasi lähettää Pyhän Hengen sijastaan "toiseksi Lohduttajaksi" (parakleiton) (Joh 15:26) nyt, kun Hän on taivaassa. Kristus on tarjonnut lohdutusta, apua ja kehotusta meille Pyhän Hengen kautta. Paavali sanoo itse asiassa: "Eikö Kristuksen jumalallisen lohdutuksen elämässäsi pitäisi pakottaa sinut säilyttämään yksimielisyys veljiesi ja sisartesi kanssa?" Tietenkin. Se on voimakas motiivi.

Toinen hyöty ja yhtenäisyyden motiivi on "rakkauden lohdutus." Tämä tarkoittaa "puhua läheisesti jonkun kanssa." Se pitää sisällään myös ajatuksen lohdutuksesta ja rohkaisusta. Jumalan rakkaus on meille suuri lohtu. Hän rakasti meitä, kun me olimme syntisiä, ja lähetti Kristuksen kuolemaan puolestamme. Se on suurta rakkautta. Jumalan jatkuva rakkaus ja armo lohduttavat meitä. "Mutta toivo ei saata häpeään; sillä Jumalan rakkaus on vuodatettu meidän sydämiimme Pyhän Hengen kautta, joka on meille annettu" (Room 5:5). Meidän pitäisi vuorostamme osoittaa rakkautta veljillemme. Mikään ei synnytä yhteyttä niin kuin vilpitön rakkaus. Rakkauden saaminen on suurin motivaatio rakkauden osoittamiselle.

Kolmas etu on "Hengen yhteys." Yhteys (koinonia) tarkoittaa kumppanuutta ja jakamista. Jokaisessa uskovassa asuu Pyhä Henki. Pyhä Henki "auttaa meitä meidän heikkoudessamme; sillä me emme tiedä, miten meidän tulisi rukoilla, mutta Henki itse rukoilee meidän puolestamme sanomattomilla huokauksilla" (Room 8:26). Meitä kehotetaan täyttymään Pyhällä Hengellä (Ef 5:18). Tämä tarkoittaa Hengen hallinnassa olemista. Jos teemme syntiä, me murehdutamme Henkeä ja sammutamme Hänen työnsä (1 Tess 5:19).

Paras esimerkki hengellisestä yhteydestä nähtiin heti helluntain jälkeen. "Jotka nyt ottivat hänen sanansa vastaan, ne kastettiin, ja niin heitä lisääntyi sinä päivänä noin kolmetuhatta sielua. Ja he pysyivät apostolien opetuksessa ja keskinäisessä yhteydessä ja leivän murtamisessa ja rukouksissa. Ja jokaiselle sielulle tuli pelko; ja monta ihmettä ja tunnustekoa tapahtui apostolien kautta. Ja kaikki, jotka uskoivat, olivat yhdessä ja pitivät kaikkea yhteisenä, ja he myivät maansa ja tavaransa ja jakelivat kaikille, sen mukaan kuin kukin tarvitsi" (Apt 2:41-45). Se on esimerkki yhteydestä, kun kristityt ovat aidosti Hengen hallinnassa.

Neljäs etu, jonka pitäisi motivoida meidän yhteyttämme, on "sydämellisyys ja laupeus." Nämä ominaisuudet kuvaavat Jumalan laupeutta meitä kohtaan. Kristus on hellä meitä kohtaan. Paavali kirjoitti aikaisemmin: "Sillä Jumala on minun todistajani, kuinka minä teitä kaikkia ikävöitsen Kristuksen Jeesuksen sydämellisellä rakkaudella" (luku 1:8). Sana, jota tässä on käytetty sanasta "laupeus" (oiktirmos), voidaan kääntää myös sanalla "armo." Toisessa kohdassa Paavali vetoaa uskoviin Jumalan armahtavan laupeuden kautta: "Niin minä Jumalan armahtavan laupeuden kautta kehoitan teitä, veljet, antamaan ruumiinne eläväksi, pyhäksi, Jumalalle otolliseksi uhriksi; tämä on teidän järjellinen jumalanpalveluksenne" (Room 12:1). Meidän, jotka olemme hyötyneet niin paljon Jumalan hellästä sydämellisyydestä ja laupeudesta, pitäisi heijastaa noita samoja ominaisuuksia veljillemme Kristuksessa.

Vahvana viitteenä on, että kaikkien näiden etujen pohjalta meidän olisi pantava sivuun henkilökohtaiset mieltymyksemme yhtenäisyyden hyväksi. Siinä valossa, että on "kehoitusta Kristuksessa", "rakkauden lohdutusta," "Hengen yhteyttä," ja Jumalan "sydämellisyyttä ja laupeutta," meidän pitäisi olla motivoituneita tekemään mitä tahansa uhrauksia, jotka ovat tarpeen kristillisen yhteyden säilyttämiseksi.

Jos me emme säilytä hengellistä yhteyttä, se ei ole vain vakava puute. Se on syntiä. Meidän täytyy välttää tiettyjä keskustelunaiheita tietäen, että niistä seuraa vain erimielisyyttä. Meidän täytyy välttää loukkaantumista. Meidän täytyy olla hienotunteisia, ettemme ärsytä toisia, kun tiedämme heidän mielipiteensä. Jos me rikomme yhtenäisyyden jollakin, mitä teemme, se tarkoittaa, että olemme kovettaneet sydämemme Jumalan lukuisille siunauksille. Me olemme pitäneet niitä itsestään selvinä, tai meistä on tullut haaleita. Tai ehkä olemme tulleet itsekkäiksi olemalla välittämättä toisten tarpeista. Tämä on hyvin vastenmielistä Jumalalle kaiken sen valossa, mitä Hän on tehnyt meidän edestämme. Se osoittaa ylpeyttä ja epäkiitollisuutta. Se tarkoittaa, että olemme ottaneet halukkaasti vastaan Jumalan siunaukset mutta olleet haluttomia tarjoamaan Hänelle mitään vastineeksi.

Se on erittäin surullista, koska se varmasti hajottaa Kristuksen ruumista. Paavali vetoaa filippiläisiin sanoen: "Niin tehkää minun iloni täydelliseksi siten, että olette samaa mieltä" (j. 2a). Jokaisen uskollisen kristityn johtajan toivomuksena on nähdä yhteyttä seurakunnassaan. Paavali ei pyytänyt liikaa. Meidän pitäisi olla halukkaita miellyttämään johtajiamme olemalla kuuliaisia jokaiselle kohtuulliselle käskylle. Heprealaiskirjeen kirjoittaja sanoi: "Olkaa kuuliaiset johtajillenne ja tottelevaiset, sillä he valvovat teidän sielujanne niinkuin ne, joiden on tehtävä tili, että he voisivat tehdä sitä ilolla eikä huokaillen; sillä se ei ole teille hyödyllistä" (Heb 13:17). On niin surullista nähdä veljien riitelevän henkilökohtaisista mielipiteistä. Toisaalta taas on suuri ilo nähdä veljet yhtenäisinä todellisessa hengellisessä harmoniassa. Jos me todella rakastamme toisiamme, me teemme uhrauksia tullaksemme toimeen keskenämme. Meidän ei tarvitse luopua mistään olennaisesta tehdäksemme sen. Ja me saavutamme ilon ja hengellisen tehokkuuden palvelutehtävässämme Kristukselle.

26.

JUMALA PITÄÄ LUPAUKSENSA
Heprealaiskirje 6:13-20

Maailma on täynnä valehtelijoita. Epärehellisyys on perusongelma tässä maailmassa. Ihmiset lupaavat ja sitten muuttavat mielensä. He rikkovat avioliiton lupaukset, kauppasopimukset ja ystävien keskeiset yhteisymmärrykset. He valehtelevat ja pettävät välttääkseen velvollisuuksiaan. Ihmiset ovat valehtelijoita. Harvoin voi todella luottaa ihmiseen. Ainoa, johon voi aina ehdottomasti luottaa on Jumala. Hänen lupauksensa pitävät paikkansa. Hän ei koskaan riko sanaansa. Yhä uudelleen Raamattu kehottaa meitä luottamaan Jumalaan. "Anna tiesi Herran haltuun ja turvaa häneen, kyllä hän sen tekee" (Ps 37:5).

Heprealaiskirjeen kirjoittaja on kehottanut juutalaisia luopumaan Vanhan testamentin uskonnostaan ja luottamaan täysin Jeesukseen Kristukseen. Kaikki heidän vanhassa uskonnossaan oli lopettava. Kaikki rituaalit, seremoniat ja muodot piti jättää taakse. Eivät edes Vanhan Liiton uhrimenot ja muodollisuudet olleet tärkeimpiä. Usko Jumalaan oli aina tärkein.

Vanhassa testamentissa Aabraham oli hyvä esimerkki ihmisestä, joka todella uskoi Jumalaan. Aabrahamia on kutsuttu kaikkien uskovien isäksi (Gal 3:7). Hän on juutalaisten fyysinen isä mutta myös jokaisen uskovan isä hengellisesti. Aabraham luotti Jumalaan vaikeuksien ja epävarmuuksien keskellä. Jumala lähetti hänet uhraamaan ainoan poikansa, Iisakin, joka oli lupauksen poika. Aabraham ei ymmärtänyt, miksi Jumala halusi hänen tappavan oman poikansa, mutta hän oli valmis tekemään sen. Ellei Jumala olisi estänyt häntä, hän olisi iskenyt alttarilla veitsen omaan poikaansa. Se oli uskon koetus. En minä olisi pystynyt siihen, mutta näin pitkälle Aabraham luotti Jumalaan.

Ihmiset kysyvät usein, "Kuinka ihmiset pelastuivat Vanhassa testamentissa?" Uskomalla. Roomalaiskirjeen neljännen kappaleen ydin on se, että Aabraham pelastui uskomalla. Hän pelastui ennen kuin hänet oli ympärileikattu. Hän pelastui ennen kuin laki oli koskaan annettu. Pelastus ei ole koskaan tullut seremonian suorittamisen kautta. Pelastus ei ole edes tullut lakia noudattamalla. Pelastus on aina syntynyt yksin uskosta. "Mutta joka ei töitä tee, vaan uskoo häneen, joka vanhurskauttaa jumalattoman, sille luetaan hänen uskonsa vanhurskaudeksi" (Room 4:5). Kaste ei ole pelastumisen ehto eikä ympärileikkaus tai mikään muukaan seremonia. Pelastus syntyy uskosta eikä yhtään mistään muusta!

Sinä saatat sanoa, "Jos usko on niin tärkeä, mihin meidän sitten on uskottava?" Meidän on uskottava Jumalaan ja kaikkeen, mitä Hän on sanonut. Jumala on luvannut iankaikkisen elämän jokaiselle, joka henkilökohtaisesti uskoo Jeesukseen Kristukseen. Raamattu sanoo: "Usko Herraan Jeesukseen, niin sinä pelastut" (Apt 16:31). Me voimme uskoa siihen lupaukseen epäilemättä, koska Jumala antoi sen ja Hän ei koskaan riko lupaustaan.

Aabraham uskoi Jumalaa, koska Jumala ei koskaan valehtele. Jumala aina täyttää lupauksensa. Tämän tekstin teema on Jumalan rehellisyys. Aabraham oli vain esimerkki ihmisestä, joka luotti Jumalan uskollisuuteen. Mekin voimme luottaa Jumalaan. Ensinnä, me voimme luottaa Häneen Hänen luonteensa vuoksi. "Sillä kun Jumala oli antanut lupauksen Aabrahamille, vannoi hän itse kauttansa, koska hänellä ei ollut ketään suurempaa, kenen kautta vannoa, ja sanoi: 'Totisesti, siunaamalla minä sinut siunaan, ja enentämällä minä sinut enennän'; ja näin Aabraham, kärsivällisesti odotettuaan, sai, mitä luvattu oli" (Hep 6:13-15).

Aivan yhtä varmasti kuin Jumala piti lupauksensa Aabrahamille, Hän pitää lupauksensa jokaiselle, joka turvaa Hänen Poikaansa ja tottelee Hänen Sanaansa. On mahdotonta, että Jumala valehtelisi. Kun Hän antaa lupauksen, niin Hänen luonteensa on koetuksen alla. Hän ei voi koskaan rikkoa lupaustaan. Siksi Hän tulee pelastamaan jokaisen, joka tulee Hänelle Kristuksen kautta.

Monet heprealaiset tunsivat evankeliumin totuuden. He olivat nähneet apostolien suorittavan ihmeitä. He olivat vakuuttuneet siitä, että Jeesus oli Messias ja Vapahtaja, mutta he eivät voineet irrottautua juutalaisuudesta. He olivat liian peloissaan katkaistakseen suhteensa kansanuskontoonsa ja tullakseen koko matkan Kristuksen luokse. He pelkäsivät vainoa. He pelkäsivät sitä, että jokin menisi vikaan ja että jostain syystä he eivät pelastuisikaan. Tämä näytti heidän uskonpuutteensa. Monet heistä jäivät pelastusta vaille ja menettivät kaikki siunaukset.

Vaatii uskoa saada siunaus Jumalalta. Jos ihminen ei luota Herraan, niin hän ei saa siunausta. Tämä on luja periaate. Se on totta pelastuksesta ja totta myös kristityn arkielämässä. Jumala on luvannut huolehtia meidän jokapäiväisistä tarpeistamme, jos me tottelemme Häntä. "Mutta minun Jumalani on rikkautensa mukaisesti täyttävä kaikki teidän tarpeenne kirkkaudessa, Kristuksessa Jeesuksessa" (Fil 4:19).

Me tapasimme kerran kristityn miehen ja hänen vaimonsa, jotka olivat luterilaisen leirin isännöitsijöitä. Me tulimme tutuiksi ja annoimme kirjallisuuttamme heille. Me todistimme heille kärsivällisesti noin vuoden ajan. Kun näin miehen viimeksi, sanoi hän minulle: "Minä olen 54 vuotta vanha. Olen liian vanha löytämään uutta työpaikkaa. Sinä ja muut voitte ehkä seurata Kristusta täydestä sydämestänne, mutta minä olen liian vanha siihen." Miten kummallista, en minä ollut koskaan maininnut, että hänen täytyisi jättää työpaikkansa. Pyhä Henki vakuutti hänet siitä. Hän tiesi, että jos hän tottelisi Raamattua ja seuraisi Kristusta, niin hänen täytyisi irrottautua luterilaisesta seurakunnasta. Tämä johtaisi siihen, että hän saisi potkut työpaikastaan luterilaisen seurakunnan palveluksessa. Hänelle tämä oli aivan liikaa. Tähän päivään saakka he kuuluvat valtion uskontoon.

Minä uskon, että Jumala koetteli miehen uskoa. Hänellä ei ollut sen vertaa uskoa, että hän olisi luottanut Jumalan huolehtivan heistä, jos hän tottelisi Jumalan Sanaa. Ilmeisesti mies todella luuli, että Jumala antaisi heidän kuolla nälkään, jos hän seisoisi lujasti Kristuksen puolella. Uskon puute! Vaikka uskon, että Jumala tulee siunaamaan heitä joillakin tavoilla, niin toisaalta minä uskon, että he ohittavat suurempia siunauksia, koska he eivät suostuneet luottamaan Jumalaan täysin. Heillä ei ollut varmuutta Jumalan luonteesta. Pystyykö Jumala löytämään työpaikan 54-vuotiaalle miehelle?

Jumala kutsui Aabrahamin jättämään perheensä ja maansa ja menemään maahan, jota hän ei ollut edes nähnyt. Se vaati uskoa, mutta Aabraham lähti. Jumala lupasi siunata Aabrahamin ja tehdä hänet monien kansojen isäksi, vaikka hänen vaimonsa oli hedelmätön. Jumala vannoi sanoen, "Totisesti, siunaamalla minä sinut siunaan, ja enentämällä minä sinut enennän" (j. 14). Ei ollut yhtään väliä, kuinka mahdottomalta Jumalan lupaus tuntui, Aabrahamilla oli luottamus Jumalan luonteeseen. Hän tiesi, että Jumala ei voinut valehdella. Ajan mittaan Jumala täytti kaikki lupauksensa Aabrahamille.

Jos sinä tottelet Jumalan kutsua, voitko sinä olla varma, että Hän huolehtii sinun tarpeistasi ja siunaa sinua? Jos et luota Häneen, sinä et koskaan tiedä. Jos pelkäät ottaa uskon askelta, niin sinun on tyydyttävä pienempään siunaukseen. Jumalan luonne ei ole ratkaiseva tekijä. Hän täyttää aina lupauksensa. Hän aina siunaa ne, jotka tottelevat Häntä. Ainoa kyseenalainen asia on meidän uskomme. Voimmeko uskoa Jumalaa? Lupaukset meille Uudessa testamentissa ovat yhtä varmoja kuin lupaukset Aabrahamille.

Toinen syy, miksi me voimme luottaa Jumalaan, on se, että Hän ei koskaan muutu. "Sillä ihmiset vannovat suurempansa kautta, ja vala on heille asian vahvistus ja tekee lopun kaikista vastaväitteistä. Sentähden, kun Jumala lupauksen perillisille vielä tehokkaammin tahtoi osoittaa, että hänen päätöksensä on muuttumaton, vakuutti hän sen valalla, että me näistä kahdesta muuttumattomasta asiasta, joissa Jumala ei ole voinut valhetella, saisimme voimallisen kehoituksen, me, jotka olemme paenneet pitämään kiinni edessämme olevasta toivosta" (j.16-18). Jumala ei voi valehdella. Hänen luontcensa estää sen. Eikä Jumala voi muuttua. Hän on muuttumaton. Tämä merkitsee sitä, että mikä tahansa lupaus, minkä Jumala antaa, on vahvistettu. Se ei voi muuttua sen enempää kuin Jumala itse voi muuttua.

Valan teko oli yleinen tapa Uuden testamentin aikoina. Vala vannottiin jonkin itseään suuremman kuten alttarin, temppelin tai jopa Jumalan kautta. Vala oli yhtä varma kuin se, jonka kautta se oli vannottu. Oli ymmärretty, että kukaan ei vanno jonkin suuren kohteen kautta pitämättä valaa. Sehän olisi hyvin halventavaa. Vala oli pidettävä. Jumala halusi näyttää, miten vahva Hänen lupauksensa oli niille, jotka perivät pelastuksen. Hän halusi vahvistaa sen valalla. Koska ei ollut ketään suurempaa kuin Jumala itse, Hän vannoi itsensä kautta. Hän vannoi siunaavansa pelastuksen perijät. Tämä vala ei voi koskaan muuttua. Jumalan lupaus meille uskoville ei muutu, koska se on sinetöity kahdella muuttumattomalla asialla - Jumalan muuttumaton luonne ja Hänen vannomansa vala. Tämä on kaikkein lujin mahdollinen varmuus.

Kuka tahansa, joka antaa itsensä Jeesuksen Kristuksen haltuun pelastuakseen, on ikuisesti turvassa. Hän ei voi mitenkään joutua kadotukseen. Uusi testamentti tulvii turvallisuuden lupauksia. "Kuka voi meidät erottaa Kristuksen rakkaudesta?" (Room 8:35). Vastaus kaikuu, "Ei kukaan!" Voit olla varma, että Jumala täyttää kaikki lupauksensa. Ne ovat muuttumattomia. Meidän turvamme ei riipu meidän kyvystämme pitää kiinni. Se riippuu Jumalasta itsestään ja Hänen lupauksistaan. Tämä tekee meidät niin turvallisiksi, ettei meillä ole koskaan mitään syytä hermostua. Me emme voi menettää pelastustamme. Tämä turvallisuus on sielun ankkuri. "Se toivo meille on ikäänkuin sielun ankkuri, varma ja luja, joka ulottuu esiripun sisäpuolelle asti, jonne Jeesus edelläjuoksijana meidän puolestamme on mennyt, tultuaan ylimmäiseksi papiksi Melkisedekin järjestyksen mukaan, iankaikkisesti" (j. 19-20).

Kun sinulla on Jeesus Vapahtajanasi, niin sinä olet turvassa. Sinä olet niin kuin laiva, joka on lujasti ankkuroitu kiinni. Sinä et ajelehdi. Jumalaton maailma on niin kuin levoton meri. Sen virrat juoksevat edestakaisin.

Se on aina liikkeessä. Ihminen ilman Jeesusta liikkuu minne tahansa tuuli puhaltaa. Mutta jokainen, joka on koskaan uskonut Jumalan lupauksiin ja turvautunut Jeesukseen on lujasti ankkuroitu. Häntä ei voi horjuttaa.

Jos Jumala Hänen Henkensä kautta näyttää meille mitä meidän täytyy tehdä totellaksemme Häntä, niin me voimme tehdä sen sillä varmuudella, että Hän siunaa meidät.

ID
27.

JUMALA JA ISRAEL (OSA 1)
Roomalaiskirje 11:1-2a

Roomalaiskirjeen 11. luku tuo meidät teologisen kynnyskysymyksen eteen. Paavali esittää kysymyksen: "Minä sanon siis: ei kaiketi Jumala ole hyljännyt kansaansa?" (jae 1a). Paavali puhuu luvuissa yhdeksän, kymmenen ja yksitoista erityisesti israelilaisista. Tämän kysymyksen vastauksesta on väitelty kiivaasti tähän päivään asti. Onko Jumala hylännyt Israelin? Me yhdymme apostoli Paavaliin, joka vastaa omaan kysymykseensä: "Pois se!" (j. 1). Tämä on yksi niitä harvoja kertoja, kun Paavali käyttää kaikkein voimakkainta mahdollista kreikankielistä sanontaa: μὴ γένοιτο (me genoito) ilmaistakseen: Ei, ei! Älköön se koskaan tapahtuko! Mahdotonta! Jumala ei ole hylännyt kansaansa Israelia.

Suurin osa tunnustuksellisesta kristikunnasta uskoo Jumalan hylänneen Israelin kansakuntana. Roomalaiskatoliset, ortodoksit, luterilaiset, presbyteerit, metodistit ja kaikki lapsikastetta harjoittavat uskonsuuntaukset uskovat yleensä, että Israelin kansalla ei ole mitään profeetallista tulevaisuutta jäljellä. He uskovat, että Jumala on joko peruuttanut sitä koskevat lupauksensa tai että nuo lupaukset pitää nyt ymmärtää kuvaannollisesti. He haluavat meidän uskovan, että koska Israel hylkäsi Messiaan Jeesuksen, Jumala on myös hylännyt sen iankaikkisesti. Israelille annetut ikuiset lupaukset on tulkittava uudella tavalla. He sanovat, että nuo lupaukset koskevat nyt seurakuntaa jollakin hengellisellä tavalla. He sanovat, että maan päälle ei perusteta mitään tuhatvuotista valtakuntaa vaan ainoastaan hengellinen valtakunta niiden sydämiin, jotka uskovat Kristukseen.

Vaikka Jumalan valtakunta vaikuttaa mystisellä tavalla uskovien sydämessä ja vaikka seurakunta on eräässä mielessä päässyt osalliseksi siunauksista ja uskovat ovat Aabrahamin hengellisiä perillisiä, niin Jumala ei ole kuitenkaan millään tavoin peruuttanut liittoaan Israelin kansan kanssa. Tämä roomalaiskirjeen luku tekee sen erittäin selväksi.

Tarkastellaan ensin Jumalan Aabrahamille ja hänen jälkeläisilleen eli Israelin kansalle antamia lupauksia. Jumala sanoi Aabrahamille: "Niin minä teen sinusta suuren kansan, siunaan sinut ja teen sinun nimesi suureksi, ja sinä olet tuleva siunaukseksi. Ja minä siunaan niitä, jotka sinua siunaavat; ja kiroan ne, jotka sinua kiroavat, ja sinussa tulevat siunatuiksi kaikki sukukunnat maan päällä" (1 Moos 12:2-3). Seuraavassa luvussa Jumala neuvoi Aabrahamia katsomaan ympärilleen niin pitkälle kuin silmä kantaa ja sanoi hänelle: "Sillä kaiken maan, jonka näet, minä annan sinulle ja sinun jälkeläisillesi ikuisiksi ajoiksi. Ja minä teen sinun jälkeläistesi luvun paljoksi kuin maan tomun. Jos voidaan lukea maan tomu, niin voidaan lukea myös sinun jälkeläisesi" (1 Moos 13:15-16). Pane merkille, että tämä lupaus on ehdoton. Jumala jopa toisti tämän lupauksen muutamia vuosia myöhemmin ja vahvisti sen uhrilla. Hän neuvoi Aabrahamia leikkaamaan uhrieläimet kahtia ja laittamaan puoliskot vastakkain. Sitten Jumala kulki puolikkaiden välistä osoittaen, että Hän on uskollinen tekemälleen liitolle (1 Moos 15:8-21). Aabraham toimi vain huomioitsijana. Jumala pitää lupauksensa Israelin uskottomuudesta huolimatta.

Jumala toisti liittonsa Iisakin (1 Moos 26:3-4), Jaakobin (1 Moos 35:11-12) ja Daavidin kanssa (2 Sam 7:10-17). Samalla Hän vahvisti liiton ehdottoman ja ikuisen olemuksen. Esimerkiksi, Jumala sanoi Israelista: "Jos hänen poikansa hylkäävät minun lakini eivätkä vaella minun oikeuksieni mukaan, jos he minun säädökseni rikkovat eivätkä noudata minun käskyjäni, niin minä rankaisen vitsalla heidän rikoksensa ja heidän pahat tekonsa vitsauksilla, mutta armoani en minä ota häneltä pois enkä vilpistele uskollisuudestani" (Ps 89:31-34).

Sellaiset teologit, jotka eivät usko Jumalalla olevan enää tulevaisuutta Israelin kansalle, eivät yleensä usko monia muitakaan Raamatun opetuksia. Uskonnolliset ihmiset, jotka väittävät seuraavansa Kristusta ja jotka kuitenkin hylkäävät Raamatun auktoriteetin, ovat yleensä olleet juutalaisten suurimpia vainoajia kautta historian. Näin erityisesti roomalaiskatolisten kohdalla. Nämä moninaiset ryhmät ovat hylänneet monia muitakin raamatunkohtia. Niiden jäsenet eivät välitä siitä, mitä Raamattu todella opettaa. He lukevat sitä harvoin eivätkä suhtaudu siihen vakavasti, saati että noudattaisivat sitä omassa elämässään.

Tästä syystä meille on tärkeää uskoa Raamattuun kirjaimellisesti. Me uskomme kirjaimelliseen tuhatvuotiseen valtakuntaan maan päällä (Ilm 20), jolloin Jeesus istuu kirjaimellisesti Daavidin valtaistuimella ja hallitsee maata "rautaisella valtikalla" (Ps 2:9). Monia Vanhan ja Uuden testamentin tuhatvuotiseen valtakuntaan liittyviä lupauksia ei saa mitätöidä. Israelille myönnetään vielä erikoisasema Jumalan siunauksissa. Jumala täyttää lupauksensa sille huolimatta sen kansan monien vuosien uskottomuudesta. Jumalan luonne ja rehellisyys on kyseessä. Jumala ei voi epäonnistua.

Rehellisyyden nimissä on myönnettävä ystäville jotka kieltävät tuhatvuotisen valtakunnan, että näytti kyllä aivan siltä kuin Israel olisi lopullisesti hylätty. Sen temppeli oli tuhottu ja israelilaiset oli hajotettu ensimmäisen vuosisadan aikana ympäri silloisen maailman. Lähes 2000 vuoden ajan näytti siltä, että Israel valtiona oli lakannut olemasta. Hesekiel ennusti, että Israel kansana tulisi vaipumaan hautaan. Mutta hän ennusti, että se nousisi haudasta ja että se saatettaisiin takaisin sen omaan maahan (Hes 37). Vuonna 1948 kaikkien hämmästykseksi Israelista tuli uudestaan itsenäinen valtio. Israel elää edelleen epäuskossa Messiasta kohtaan, ja on varmaa, että se ei nauti rauhasta ja varallisuudesta niin kuin kauan sitten luvattiin. Useimmat liiton lupauksista ovat edelleen täyttymättä. Kuitenkin osa juutalaisista on jo palannut omaan maahansa. Ja on tuleva aika, jolloin heitä koetellaan suurella ahdistuksella (Matt 24) ja he ottavat Jeesuksen vastaan Messiaanaan, ja silloin israelilaiset pääsevät täydellisesti nauttimaan liiton siunauksista kansakuntana (Jer 31:31-33).

Historia kertoo meille selvästi, että kun Jumala lähetti ainoan Poikansa, Jeesuksen Kristuksen, juutalaisten Messiaaksi, Israel hylkäsi Hänet ja ristiinnaulitsi Hänet. Israelin hengelliset johtajat olivat varmoja, etteivät he voisi tehdä sellaista erehdystä. Tavallinen kansa seurasi johtajia. Ylpeyden ja hengellisen sokeuden seurauksena Israel ei tunnistanut Messiastaan. Israel kompastui kompastuksen kallioon, eivätkä juutalaiset uskoneet Häneen (Room 9:32-33).

Jumala ei yllättynyt siitä, että Israel hylkäsi Kristuksen. Itse asiassa se kuului alusta alkaen Jumalan suunnitelmiin. Jumala olisi ollut aivan oikeudenmukainen, vaikka Hän olisi hylännyt Israelin ikuisiksi ajoiksi tästä syystä. Mutta Hän oli tehnyt iankaikkisen liiton Aabrahamin ja hänen jälkeläistensä kanssa. Ei edes Israelin synnillinen epäusko ja se, kuinka he kohtelivat Jeesusta, voinut saattaa Jumalaa peruuttamaan lupauksiaan sille. Israel hylkäsi Jumalan, mutta Jumala ei hylännyt sitä. Jumalan lupauksien siunaukset jäivät odottamaan täyttymistään, mutta niitä ei peruttu. Jos Jumala voisi peruuttaa lupauksensa Israelille, niin mikä silloin estäisi Häntä yhtä lailla peruuttamasta lupauksiaan meille Kristukseen uskoville. Ei, Jumala ei voi peruuttaa iankaikkisia lupauksiaan.

Jumala ei vapauttanut Israelia kokonaan vastuusta. Jumalan tuomio Israelille on todistus, että Jumala pitää ihmisiä vastuullisina heidän teoistaan. Ne hengelliset johtajat, jotka yllyttivät Pilatusta ristiinnaulitsemaan Herran Jeesuksen, kuolivat syntisinä. Kansakunta menetti itsenäisyytensä. Juutalaiset ovat monin tavoin kärsineet enemmän kuin muut kansat erilaisten vainojen kautta. Natsi-Saksa on eräs tällainen esimerkki. Ihmiset, joiden kanssa Jumala teki liiton, ovat myös henkilökohtaisella tasolla vastuussa synneistään. Mutta Jumala ei koskaan peruuta liittoaan Israelin kansan kanssa. Heillä on keskeinen rooli Jumalan tulevaisuudensuunnitelmissa.

Voisin puhua pitkältikin Jumalan loistavista lupauksista Israelille ja uskoville. Meidän on kuitenkin palattava takaisin päivän tekstiin. Minä sanon siis: ei kaiketi Jumala ole hyljännyt kansaansa? Pois se! (j. 1a). Tämän pitäisi jo yksistään ratkaista riita, mutta Paavali antaa yksityiskohtaisen todistuksen. Ensinnäkin, hänen oma pelastuksensa juutalaisena osoittaa, että Jumala ei ole hylännyt koko Israelia. "Sillä olenhan minäkin israelilainen, Aabrahamin siementä, Benjaminin sukukuntaa" (jae 1b).

Paavali oli, kuten hän itse itseään kutsuu, "heprealainen heprealaisista syntynyt" (Fil 3:5). Hän oli juutalaisempi kuin kukaan muu. Jos Jumala olisi hylännyt Israelin, kuinka Paavali sitten pelastui? Ei varmastikaan oman yrityksensä kautta. Hän oli myös fariseus. Hän oli niin kiivas, että vainosi seurakuntaa. Jos Jumala ei olisi puuttunut hänen elämäänsä, hän olisi jatkanut aina vain pidemmälle väärään suuntaan. Ja niin on kaikkien kohdalla. Omin voimin emme koskaan löytäisi Jumalaa. Paavalista tuli Kristukseen uskova, koska Jumala valitsi hänet ennen maailman perustamista samoin kuin kaikki muutkin pelastuvat (Ef 1:4).

Pelastus perustuu viime kädessä Jumalan suvereeniin valintaan. Tämä totuus löytyy muodossa tai toisessa lähes jokaiselta Raamatun sivulta. Se on monien Raamatun totuuksien kivijalka. Sitä ei voi kieltää ilman, että horjuttaisimme ymmärtämystämme Jumalan teoista. Niin on tässäkin asiassa, sillä seuraava jae kuuluu: "Ei Jumala ole hyljännyt kansaansa, jonka Hän on edeltätuntenut" (j. 2a).

Sanan "edeltätuntenut" (proginosko) tarkan merkityksen ymmärtäminen on tähdellistä tässä kohdassa. Edeltätunteminen ei tarkoita ainoastaan sitä, että Jumala tietää kaikki asiat ennen kuin ne tapahtuvat. Olemme kaikki yhtä mieltä siitä, että Jumala on kaikkitietävä. Sana "edeltätuntea" viittaa aina ihmisiin eikä vain tosiasioihin tai ihmisiä koskeviin seikkoihin. Jumala ei "edeltätuntenut" jotakin, vaan paremminkin "heidät". Jumala edeltätunsi vain tietyt harvat ihmiset. Edeltätunteminen on ensimmäinen askel niiden valinnassa, jotka Jumala lopulta pelastaa. "Sillä ne, jotka Hän on edeltätuntenut, Hän on myös edeltämäärännyt

Poikansa kuvan kaltaisiksi, että Hän olisi esikoinen monien veljien joukossa..." ja tämä johtaa viimein kirkastamiseen (Room 8:29-30). Raamattuun uskovina kristittyinä me uskomme myös ennaltamääräämiseen. Ennaltatunteminen liittyy suoraan Jumalan määrätietoiseen ohjaukseen. Pietari saarnasi helluntaina ympärilleen kerääntyneille juutalaisille puhuen Jeesuksesta: "Hänet, joka teille luovutettiin, Jumalan ennaltamäärätyn päätöksen ja edeltätietämyksen mukaan, te laista tietämättömien miesten kätten kautta naulitsitte ristille ja tapoitte" (Apt 2:23). Edeltätuntemus on sitä, että Jumala valitsee tiettyjä yksilöitä tai kansoja niin kuin Israelin tapauksessa ja asettaa heidät suosiolliseen asemaan edessään. Edeltätuntemus johtaa aina pelastukseen.

Jumala edeltätunsi Israelin kansana (j. 2a). Hän ei voi hylätä sitä. Hän saattaa varmasti sen kansana liittonsa siunausten piiriin. Jos Hän ei tekisi sitä, silloin Hän ei olisi Jumala. Jumala on uskollinen. Ihmiset eivät ole uskollisia, mutta Jumala on uskollinen. Aikanaan Israel tekee parannuksen ja kääntyy oikean Messiaan, Jeesuksen Kristuksen, puoleen. Tämä on se päivä, jolloin "kaikki Israel pelastuu" (j. 26), kuten Paavali toteaa myöhemmin tässä luvussa. Älkäämme koskaan epäilkö Jumalan Sanaa.

Jos Jumala pitää lupauksensa Israelille, pitää Hän lupauksensa kaikille muillekin, jotka Hän on edeltätuntenut ja edeltämäärännyt pelastukseen. Jumala ei hylkää niitä, jotka uskovat Kristukseen, niin kuin Hän ei voi hylätä Israeliakaan täydellisesti. Me olemme turvassa Jumalan armossa. Herralle siitä kiitos!

28.

JUMALA JA ISRAEL (OSA 2)
Roomalaiskirje 11:2-10

Jumala ei koskaan tule hylkäämään Israelia kansana. Israel rikkoi raskaasti Jumalaa vastaan ja ristiinnaulitsi Messiaansa, Herran Jeesuksen Kristuksen. Kansana he hylkäsivät Jumalan. Jumala oli kuitenkin tehnyt lupauksen Aabrahamille, että Hän siunaisi tämän jälkeläiset sukupolvesta sukupolveen. Jumala tulee täyttämään kaikki lupauksensa. Hän ei tule koskaan hylkäämään Israelia kokonaan. Toki Israel joutuu kärsimään synneistään. Israelilaiset ovat eläneet hajotettuina kaikkeen maailmaan miltei kaksi vuosituhatta. Mutta Jumala on tuova heidät takaisin omaan maahansa. Jotkut ovat jo palanneet Israeliin. Jumala siunaa vielä Israelia suuresti, kun he katuvat syntejään ja uskovat Jeesukseen.

Ei Jumala ole hyljännyt kansaansa, jonka hän on edeltätuntenut (j. 2a). Vaikka suurin osa Israelia on hylännyt Jumalan, Jumalalla on aina tallessa Hänelle uskollinen jäännös. Paavali oli yksi noista uskovista, kuten hän muistuttaa meitä jakeessa yksi. Kautta historian Israelissa on aina ollut uskova jäännös.

Elian päivinä kansa eli hengellisessä rappiotilassa. Jumalaton kuningatar Iisebel ja hänen Baalin pappinsa johtivat kansanjoukot palvelemaan epäjumalia. Profeetta Elia luuli olevansa ainoa uskova jäljellä. Paavali siteeraa 1. Kuningasten kirjaa todistaakseen, että Jumala ei ole hylännyt koko Israelia: Vai ettekö tiedä, mitä Raamattu sanoo kertomuksessa Eliaasta, kuinka hän Jumalan edessä syyttää Israelia: "Herra, he ovat tappaneet sinun profeettasi ja hajottaneet sinun alttarisi, ja minä yksin olen jäänyt jäljelle, ja he väijyvät minun henkeäni" (j. 2b-3). Yleensä Elia oli rohkea, mutta tässä hän säälii itseään ja masentuu.

Huomaa, mitä Jumala vastaa Elialle: Mutta mitä sanoo hänelle Jumalan vastaus? "Minä olen jättänyt itselleni seitsemäntuhatta miestä, jotka eivät ole notkistaneet polvea Baalille" (j. 4). Epäilemättä oli myös vähintään 7 000 naista tuon lukumäärän lisäksi. Joka tapauksessa Elia ei ollut yksin. Jumala oli tallettanut itselleen uskollisen jäännöksen.

Kansan enemmistö oli alkanut palvoa epäjumalia. 14 000 uskovaa kuulostaa paljolta, mutta jos Israelin väestö oli viitisen miljoonaa, pelastettuja oli vain 2-3 prosenttia kansasta. Se vastaa suunnilleen keskiarvoa nykyisten kaikkein kristillisimpien länsimaiden uskovien määrästä. Suuret joukot eivät koskaan seuraa Jumalaa. Uskovat ovat aina pieni vähemmistö. Mutta Jumala voi tehdä suuria pienellä.

Jumala ei ole milloinkaan jättänyt itseään ilman juutalaisuskovien uskollista jäännöstä. Aivan kuten Elian päivinä, samoin on nyt tänäkin aikana olemassa jäännös armon valinnan mukaan (j. 5). Vanhan testamentin loppua kohden löytyi aina vain vähemmän ja vähemmän tosi Jumalaan uskovia, mutta aina heitä oli muutamia. Kun Jeesus tuli, oli Maria ja Joosef, Sakarias ja Elisabet,

Simeon ja Hanna, paimenet Beetlehemin kedolla ja muitakin. Lopun ajalla Jumala herättää 144 000 juutalaista todistajaa julistamaan evankeliumia (Ilm 7:4; 14:1). Paavali ei voi olla puhumatta Jumalan armosta. Mutta jos valinta on armosta, niin se ei ole enää teoista, sillä silloin armo ei enää olisikaan armo (j. 6). Pelastus on yksin armosta. Hyviä tekoja ei edes voi lisätä armoon pelastuksesta puhuttaessa, muutoin ne tekisivät armon tyhjäksi. Sellaista pelastusta, joka tapahtuisi armon ja hyvien tekojen sekoituksesta, ei ole koskaan ollutkaan. Pelastumisen on tapahduttava joko kokonaan tekojen avulla tai kokonaan armosta. Koska kaikki ovat tehneet syntiä, hyvät teot eivät millään voi meitä pelastaa. Niinpä pelastuksen on tapahduttava kokonaan Jumalan armon perusteella.

Paavali ottaa asian taas esiin jakeen viisi lopussa, kun hän mainitsee "armon valinnan". Tämä ei ole suosittu aihe, koska se sulkee kokonaan pois ihmisen ansiot ja hyvät työt. Emme kuitenkaan voi ymmärtää Kirjoitusten koko kulkua ja historiaa emmekä taatusti näitä lukuja 9-11, ellemme hyväksy sitä. Jumala on jo valinnut ne, jotka pelastuvat. Hän on tehnyt lopullisen päätöksen sekä juutalaisten että pakanoiden suhteen. Historia on yksinkertaisesti Hänen suvereenin suunnitelmansa täyttymistä. Jumala on "meidät pelastanut ja kutsunut pyhällä kutsumuksella, ei meidän tekojemme mukaan, vaan oman aivoituksensa ja armonsa mukaan, joka meille on annettu Kristuksessa Jeesuksessa ennen ikuisia aikoja" (2 Tim 1:9).

Oppi valinnasta on Israelin historian ymmärtämisen ydin. Miten siis on? Mitä Israel tavoittelee, sitä se ei ole saavuttanut, mutta valitut ovat sen saavuttaneet; muut ovat paatuneet (j.7). Israel etsi uutterasti Jumalaa. He olivat erittäin kiivaita Jumalan puolesta, kuten Paavali heistä todisti aikaisemmin

(Room 10:2). Uskonnollinen kiivaus ei takaa pelastusta. Monet uskonnolliset ihmiset ovat kadotettuja. Jumala pelastaa vain ne, jotka Hän on valinnut pelastukseen ennen ikuisia aikoja, ja se on lopullinen päätös! Kaikki muut ovat paatuneet. Niin Raamattu sanoo. Jumalan tahto ylittää aina ihmisen tahdon. Jotkut etsivät ja jotkut eivät, mutta Jumala pelastaa omansa.

En voi puhua valinnasta puhumatta samalla ihmisen vastuullisuuden tasapainottavasta totuudesta. Vain siten ei synny väärinkäsitystä — ihmiset ovat silti vastuussa synneistään, vaikka he olisivatkin valittuja pelastumaan. Joidenkin mielestä Jumala ei ole oikeudenmukainen. Ei suinkaan, Jumala on täydellisen oikeudenmukainen. Hän rankaisee ihmisiä heidän synneistään. Valitut saavat osakseen armon ja säästyvät iankaikkiselta rangaistukselta. Muut jäävät vastaamaan synneistään. Ei Jumala laita heitä tekemään syntiä. He tekevät syntiä, koska he tahtovat sitä tehdä. Ja synnin perimmäinen palkka on tietenkin ikuinen kuolema.

Jeesus tarkoitti Juudasta, pettäjäänsä, sanoessaan: "Niin, Ihmisen Poika tosin menee pois, niinkuin hänestä on kirjoitettu, mutta voi sitä ihmistä, jonka kautta Ihmisen Poika kavalletaan! Parempi olisi sille ihmiselle, että hän ei olisi syntynyt" (Mark 14:21). Mutta tuo mies syntyi. Ja kuitenkin Jumala edelleenkin rakastaa koko maailmaa. Älä ahdistu, jos tämän ymmärtäminen tuntuu sinusta vaikealta. Sen hyväksyminen on jokaiselle ensin kova pala. Mutta me hyväksymme sen, koska Jumalan Sana opettaa sitä.

Jumala paadutti niiden juutalaisten sydämet, jotka eivät olleet valittuja. Niinkuin kirjoitettu on: "Jumala on antanut heille uneliaisuuden hengen, silmät, etteivät he näkisi, ja korvat, etteivät he kuulisi, tähän päivään asti" (j. 8). Tämä on sellainen teksti, josta aikamme saarnaajat eivät saarnaa, mutta tämä on Jumalan Sanaa.

Tällä rakkauden ja imelyyden aikakaudella torjumme ajatuksen, että Jumala voisi paaduttaa sydämiä, sokaista silmiä ja kuurouttaa korvia. En taaskaan kerro mitään muuta kuin mitä Raamatussa on. Kyseinen kohta on lainattu Jesajan kirjan 29. luvusta jakeesta 10, ja 5. Mooseksen kirjan 29. luvusta jakeista 3- 4. Kyseessä ei siis ole mikään uusi opinkappale.

Paavali lainasi kerran laista, kerran profeetoista ja lisäksi vielä kerran Psalmeista (69:23-24). Ja Daavid sanoo: "Tulkoon heidän pöytänsä heille paulaksi ja ansaksi ja lankeemukseksi ja kostoksi, soetkoot heidän silmänsä, etteivät he näkisi; ja paina yhäti heidän selkänsä kumaraan" (j. 9-10). Taidamme lukea Kirjoituksia liian nopeasti, emme pohdiskele niitä Raamattua lukiessamme, mutta tässä yhteydessä niistä on vaikeaa olla välittämättä. Jumala haluaa meidän tietävän, että se on Hän, joka paaduttaa uskottoman Israelin. Kyllä he tietysti itsekin ovat paaduttaneet sydämiään. Se on täsmälleen ihmisen langenneen luonnon mukaista. Kaikki ihmiset hylkäävät Jumalan, paitsi ne, jotka Jumala on valinnut ja ennaltamäärännyt pelastukseen.

Daavid kirjoitti: Tulkoon heidän pöytänsä heille paulaksi ja ansaksi ja lankeemukseksi. Pöytä, jonka ympärillä ihmiset syövät, on juuri se paikka, missä he tuntevat olonsa turvalliseksi ja kodikkaaksi. Israel tunsi turvallisuutta hengellisen ruokansa, Vanhan testamentin, äärellä. He luulivat tuntevansa sen hyvin. Itse asiassa siitä tuli heille ansa. He luottivat itseensä niin paljon, etteivät käsittäneet pelastuksen perustuvan pelkkään armoon. He luulivat voivansa täyttää lain omilla hyvillä töillään. He epäonnistuivat. Kovin monet ihmiset turvaavat elämässään juuri sellaiseen asiaan, joka tuomitsee heidät. Ne, jotka vaeltavat väärän evankeliumin mukaan, pettävät itseänsä. Mitä enemmän he luottavat omiin hyviin töihinsä, sitä luottavaisemmiksi he tulevat pelastumisensa suhteen. Ja koko ajan he muuttuvat yhä immuunimmiksi Kristuksen evankeliumille.

Daavid sanoo myös: Soetkoot heidän silmänsä, etteivät he näkisi; ja paina yhäti heidän selkänsä kumaraan. Sokeat kumartuvat eteenpäin kävellessään. Niin kaikki uskosta osattomat kulkevat kohti iankaikkisuutta. He hapuilevat eteenpäin tietä, jota eivät näe, tietä, joka vie heidät määränpäähän, jonne he eivät tahdo. Se on murheellinen mutta todenmukainen kuvaus niistä, jotka eivät tunne Jumalaa.

Miten siis elämme näiden totuuksien valossa? Jos vielä elät hengellisessä pimeydessä, tee parannus synneistäsi! Lakkaa luottamasta omiin ansioihisi pääsylippuna taivaaseen! Olet täydellisesti vastuussa synneistäsi Jumalan edessä. Vain Jeesus voi pelastaa sinut. Jos olet pelastunut, jos olet syntynyt Jumalan perheväkeen Jeesukseen Kristukseen uskomalla, voit alkaa ylistämään Jumalaa Hänen hyvyydestään! Voit lakata onnittelemasta itseäsi viisaan valinnan johdosta. Jos olet pelastunut, se johtuu kokonaan Jumalan armosta. Se tarkoittaa lisäksi sitä, että olet turvassa eikä mikään voi erottaa sinua Jumalan rakkaudesta. Se ei anna sinulle vapautta tehdä syntiä. Pelastunut ei tahdo tehdä syntiä.

Valintaopilla on joitakin hyvin käytännöllisiä seurauksia kristityille työntekijöille. Saamme luottaa siihen, että Jumala vetää luokseen kaikki ne, jotka Hän on valinnut (Joh 6:44, 65). Olemme silti velvollisia julistamaan evankeliumia vakaumuksellisesti jokaiselle ihmiselle. Emme tiedä, kenet Jumala on valinnut. Mutta on väärin käyttää petollisia keinoja. Aikamme evankeliointi alkaa usein harhaanjohtavasti, sellaisilla lupauksilla, joita kutsun petolliseksi mainonnaksi. Emme saa luvata ihmisille enempää kuin mitä Jumala on Sanaansa kirjoittanut. Meidän on oltava rehellisiä. Totuudessa on kylliksi voittamaan ne, jotka Jumala on kutsunut pelastukseen. Meidän ei tarvitse hävetä mitään Raamatun totuuksia. Sillä ei ole merkitystä, mikä on suosittua nykyisessä maailmassa. Jumala tietää, kuinka Hän pelastaa omansa. Ja Hän käyttää meitä tuomaan ihmisiä Kristuksen luokse, jos vain olemme uskollisia Hänen Sanalleen.

En yhtään välitä siitä, olenko enemmistössä vai en. En välitä siitäkään, ovatko useimmat muut kristityt kanssani samaa mieltä vai eivätkö ole. Vain se merkitsee, että olen samaa mieltä kuin Jumala. Sillä loppujen lopuksi minun ei tarvitse tehdä tiliä muille ihmisille, ainoastaan Jumalalle. Luotan siihen, että Hän siunaa minua, jos elän Hänen Sanansa mukaan. Hän ei ikinä, ikinä petä. Hän ei petä lupauksiaan Israelille eikä Hän petä lupauksiaan yhdellekään meistä, jotka uskomme Jeesukseen Kristukseen.

29.

LOPULLINEN TURVALLISUUS
Roomalaiskirje 8:28

"Mutta me tiedämme, että kaikki yhdessä vaikuttaa niiden parhaaksi, jotka Jumalaa rakastavat, niiden, jotka hänen aivoituksensa mukaan ovat kutsutut" (jae 28). Tämä on mahdollisesti suurin lupaus uskoville koko Raamatussa. Se vakuuttaa jokaiselle uskovalle, että kaikki - sekä hyvä että paha - vaikuttaa yhdessä hänen parhaakseen. Jumala itse vakuuttaa sen olevan niin. Tämä on suuri lohdutus. Se antaa meille täyden varmuuden siitä, että mitään pysyvää pahaa ei voi tapahtua meille. Aidon kristityn ei tarvitse pelätä, että Jumala hylkäisi hänet.

Ensinnäkin, katsokaamme tämän turvallisuuden laajuutta. Kaikki yhdessä vaikuttaa niiden parhaaksi. Sen laajuus on rajaton. "Kaikki" merkitsee kaikkea ilman ehtoja tai poikkeuksia. Jokainen Jumalan lapsi voi omistaa tämän lupauksen. Jumala pystyy täyttämään sen ja täyttääkin sen.

Tämä jae ei sano kaiken olevan hyvää, sillä me tiedämme, että jotkut asiat ovat pahoja. Kärsimys, uskonvaino, synti, kipu ja uskonpuute ovat pahoja asioita. Mutta jopa nämäkin vaikuttavat lopuksi uskovan parhaaksi. Jumala ei aina estä lapsiansa kokemasta huonoja asioita. Uskovat kokevat monia huonoja asioita, mutta ne eivät voi pysyvästi vahingoittaa häntä. Ja lopulta niilläkin on hyvä tarkoitus.

Jumalaa kiinnostaa eniten lopputulos. Kaikki yhdessä vaikuttaa niiden parhaaksi lopussa. Kaikkien asioiden summa vaikuttaa uskovan siunaukseksi. Joskus pahat asiat yhdistyvät oikeassa suhteessa ollakseen hyödyksi. Esimerkiksi pöytäsuola. Pöytäsuola muodostuu kahdesta alkuaineesta, nimittäin natriumista ja kloorista. Näistä molemmat ovat yksinään myrkyllisiä ihmisille. Mutta oikeassa suhteessa yhteenpantuna ne ovat hyvin hyödyllisiä ja välttämättömiä päivittäisessä ruokavaliossa. Yhtä lailla ovat hyvät ja huonot asiat, jotka tapahtuvat uskovalle tässä elämässä. Lopputulos tästä kaikesta on siunaus meille. Usein Jumala pidättää meidät katastrofista, mutta Hän myös sallii joitakin onnettomuuksia puhdistaakseen meitä. Hän antoi Israelin kansan joutua vankeuteen heidän lopulliseksi parhaakseen. "Näin sanoo Herra, Israelin Jumala: Niinkuin näitä hyviä viikunoita, niin minä katselen hyvällä suosiolla Juudan pakkosiirtolaisia, jotka minä lähetin tästä paikasta kaldealaisten maahan. Ja minä käännän katseeni heihin, heidän hyväksensä, ja tuon heidät takaisin tähän maahan. Minä rakennan heidät enkä hajota, minä istutan heidät enkä revi pois" (Jer 24:5-6). Inhimilliseltä kannalta katsottuna Juudan vankeus oli rankka ja tuskallinen oppitunti, mutta lopuksi se jalosti ja siunasi heitä.

Jumala viisaudessaan tietää, mikä on parasta meille. Psalmin kirjoittaja sanoi: "Ennenkuin minut nöyryytettiin, minä eksyin, mutta nyt minä noudatan sinun sanaasi" (Ps 119:67). Jumalan täytyi antaa Paavalille "pistin" lihaan, ettei hän ylpeilisi yli rajojen, sillä hän oli saanut niin erinomaisia ilmestyksiä (2 Kor 12:7). Paavali halusi Jumalan ottavan pistimen pois, mutta Hän ei tehnyt niin. Sen sijaan Hän antoi Paavalille lisää armoa sen kestämiseen. Usein Jumala ei ota ärsytyksen tekijää pois; Hän lisää armoa sen kestämiseen. Herra sanoi Paavalille: "Minun armossani on sinulle kyllin; sillä minun voimani tulee täydelliseksi heikkoudessa" (2 Kor 12:9). Jopa silloin, kun meidän ulkoiset olosuhteemme ovat ahtaat - kenties erityisesti silloin, kun ne ovat ahtaat - Jumala puhdistaa meitä ja tekee meitä sellaisiksi, kuin Hän tahtoo meidän olevan. Hänen voimansa meissä tulee täydelliseksi, kun me luotamme omaan kykyymme vähemmän ja Häneen enemmän.

Saattaa olla vaikeaa meille todella uskoa, että aivan "kaikki" vaikuttaa meidän parhaaksemme. Katsokaamme joitakin esimerkkejä. Job oli hurskas mies. Hän palvoi Jumalaa ja kunnioitti Häntä kaikessa. Silti Saatana päästettiin Jobin kimppuun ja häneltä otettiin pois kaikki paitsi hänen henkensä. Job oli ankarasti koeteltu. Aluksi hän kesti sen. Myöhemmin hän kirosi syntymäpäivänsä. Mutta lopussa Jobin täytyi tunnustaa, ettei hän tuntenut Jumalaa niin hyvin kuin luuli. Hän sanoi: "Korvakuulolta vain olin sinusta kuullut, mutta nyt on silmäni sinut nähnyt. Sentähden minä peruutan puheeni ja kadun tomussa ja tuhkassa" (Job 42:5-6). Kärsimys toi Jobin lähemmäksi Herraa.

Joosef on toinen esimerkki siitä, kuinka Jumala pystyy saamaan pahan tuottamaan hyvää. Joosefin veljet myivät hänet orjuuteen Egyptiin. Se oli julma ja paha teko. Joosef kärsi monta vuotta. Jaakob suri poikansa kuolemaa eikä koskaan saanut lohdutusta. Vuosia myöhemmin, kun ankara nälänhätä tuli maan päälle, Jaakob lähetti poikansa Egyptiin ostamaan viljaa. Kaikki uskoivat Joosefin olevan jo kuollut ja poissa. Mutta Jumala nosti Joosefin Egyptin toiseksi ylimmäksi johtajaksi. Jumala käytti Joosefia hyödyksi ja pelasti hänen kauttaan Jaakobin perheen kuolemasta nälkään. Mitä olisi tapahtunut, jos Joosefia ei olisi myyty orjuuteen? Kun Joosef ymmärsi tämän totuuden, hän kertoi peloissaan oleville veljilleen: "Te tosin hankitsitte minua vastaan, mutta Jumala on kääntänyt sen hyväksi, että hän saisi aikaan sen, mikä nyt on tapahtunut, ja pitäisi hengissä paljon kansaa" (1 Moos 50:20).

Sitten oli profeetta Daniel. Hän oli vankina kaukana olevassa maassa. Hän ei koskaan unohtanut Herraa ja uskollisesti kumarsi Häntä joka päivä. Kuningas Daarejaves oli houkuteltu allekirjoittamaan laki, joka kielsi jokaista palvomasta elävää Jumalaa. Kateelliset pakanataikurit pettivät Danielin. Uuden lain johdosta Daniel heitettiin jalopeurain luolaan. Jumala ei estänyt Danielin heittämistä jalopeurain luolaan, mutta Hän esti jalopeuroja syömästä häntä. Seuraavana aamuna Daniel sanoi kuninkaalle: "Kuningas eläköön iankaikkisesti! Minun Jumalani on lähettänyt enkelinsä ja sulkenut jalopeurain kidat, niin etteivät ne ole minua vahingoittaneet, sillä minut on havaittu nuhteettomaksi hänen edessänsä, enkä minä ole sinuakaan vastaan, kuningas, rikosta tehnyt. Silloin kuningas ihastui suuresti ja käski ottaa Danielin ylös luolasta" (Dan 6:21-23).

Jumala tietää, mikä on parasta meille. Näennäiset tragediat ovat vain keinoja, joilla Hänen täydellinen suunnitelmansa toteutuu. On sanottu, että Jumala on liian viisas tehdäkseen mitään väärin ja Hän on liian hyvä tehdäkseen mitään epäreilua. Puritaani Thomas Watson sanoi: "Sairasvuode usein opettaa enemmän kuin saarna." Miten totta! Ovathan jotkut opit elämässä sellaisia, joita ei voi oppia muuten kuin kärsimisen kautta. On joitakin hengellisiä ominaisuuksia, jotka eivät kehity muuten kuin tuskallisten kokemuksien seurauksena. "Poikani, älä pidä halpana Herran kuritusta, äläkä menetä toivoasi, kun hän sinua nuhtelee; sillä jota Herra rakastaa, sitä hän kurittaa; ja hän ruoskii jokaista lasta, jonka hän ottaa huomaansa" (Heb 12:5-6).

Turvallisuuden vastaanottajat ovat niitä, jotka Jumalaa rakastavat, niitä, jotka hänen aivoituksensa mukaan ovat kutsutut (j. 28b). On vain yksi ainoa edellytys niille, jotka saavat tämän ihmeellisen lupauksen. Tämä lupaus kuuluu ainoastaan uudestisyntyneille uskoville. Inhimilliseltä puolelta ne ovat niitä, jotka Jumalaa rakastavat. Jumalan puolelta ne ovat niitä, jotka hänen aivoituksensa mukaan ovat kutsutut. Tämä on kristityn määritelmä.

Jumalan silmissä on ainoastaan kahdenlaisia ihmisiä, niitä, jotka vihaavat Häntä ja niitä, jotka rakastavat Häntä. Uskoton ihminen vihaa Jumalaa. Vaikka he peittävät sen hyvin, he sotivat Jumalaa vastaan ja kapinoivat Häntä vastaan jatkuvasti. Ainoastaan uudestisyntynyt ihminen todella rakastaa Jumalaa. Tämä rakkaus ilmenee eri tavoin. Jumalaa rakastava ihminen on herkkä Hänen tahdolleen. Hän rakastaa muita uskovia. Hän vihaa pahaa. Mutta suurin todistus rakkaudesta Jumalaa kohtaan on kuuliaisuus. Jeesus sanoi; "Jolla on minun käskyni ja joka ne pitää, hän on se, joka minua rakastaa" (Joh 14:21a). Jeesus puhui vääristä uskovista sanoen: "Miksi te huudatte minulle, 'Herra, Herra!' ettekä tee, mitä minä sanon?" (Luuk 6:46). Väärät uskovat sanovat rakastavansa Jumalaa, mutta he eivät tottele. Kuuliaisuus on pelastuksen todistus.

Jumalan puolelta pelastuneita ihmisiä ovat ne, jotka hänen aivoituksensa mukaan ovat kutsutut. Jumala kutsuu jokaista kääntymään, mutta tämä jae viittaa tehokkaaseen pelastuskutsuun. Jumala on jo valinnut ne, jotka pelastuvat. Nämä ovat ne "kutsutut." Kukaan muu ei voi pelastua. Jeesus sanoi: "Ei kukaan voi tulla minun tyköni, ellei Isä, joka on minut lähettänyt, häntä vedä; ja minä herätän hänet viimeisenä päivänä" (Joh 6:44). Pelastus ei ole riippuvainen ihmisen tahdosta vaan Jumalan tahdosta. Kaikki yhdessä vaikuttaa niiden parhaaksi, jotka hänen aivoituksensa mukaan ovat kutsutut. Ei-uskovat eivät voi omistaa tätä lupausta.

Kenties sinä kärsit tänä päivänä, vaikka olet uskova. Jotkut vaikeudet sattuvat jokaiselle. Joskus kärsimys tulee hintana uskollisuudesta Jumalalle. Muutoin se on yksinkertaisesti yleistä kipua ja vaikeuksia, jotka tulevat jokaiselle synnin vaikutuksen tähden tässä maailmassa. Me emme aina tiedä tarkasti, miksi kärsimykset tulevat. Meidän ei tarvitse tietää. Meille riittää tieto siitä, että Jumala on toteuttamassa suunnitelmaansa meidän parhaaksemme. Jumalalla on erikoinen suunnitelma kullekin meistä. Me emme voi tietää tarkasti, mikä tämä tarkoitus on tai kuinka Jumala aikoo saada sen aikaan. Mutta Hän tietää ja saa sen aikaan joko meidän yhteistyöllämme tai ilman sitä. Jos me teemme syntiä, meidän täytyy kääntyä. Jopa silloin, kun me olemme kääntyneet, meillä on vieläkin paljon parannettavaa. Jumala käyttää kärsimyksiä ja pettymyksiä valmistaakseen meidät taivaalliseen kunniaan.

Meillä on jotakin opittavaa jokaisesta kärsimyksestä. Jos me kärsimme suoranaisesti syntimme takia, me opimme välttämään syntiä. Jos me kärsimme syyttöminä uhreina, me samaistumme Hänen kanssaan, joka kärsi eniten, eli Herran Jeesuksen Kristuksen. Apostoli Paavalilla oli oikea asenne omiin kärsimyksiinsä, kun hän kirjoitti: "tunteakseni hänet ja hänen ylösnousemisensa voiman ja hänen kärsimyksiensä osallisuuden, tullessani hänen kaltaisekseen samankaltaisen kuoleman kautta" (Fil 3:10). Kärsiminen tekee meidät yhä enemmän Jeesuksen kaltaisiksi. Tämän tiedostaminen auttaa meitä hyväksymään kaiken, jopa vaikeudet, jotka sattuvat meidän kohdallemme.

TOM RUHKALAN
LYHYT ELÄMÄNKERTA

Nimeni on Marshall Thomas Ruhkala, mutta vanhempani kutsuivat minua Tommyksi. Synnyin huhtikuun 24, 1948 Auburnissa, Kaliforniassa. Olin Marshall David Ruhkalan ja Johanna Lempi Ruhkalan esikoinen. Isäni Marshall oli muurausurakoitsija. Pian syntymäni jälkeen muutimme Tahoe Cityyn Kaliforniaan. Tahoe City on pieni kaupunki kauniin Tahoe-järven pohjoisrannalla. Se on tunnettu lomanviettopaikka Sierra Nevadan vuoristossa Kaliforniassa. Vanhempani ovat molemmat kotoisin Kalifornian keskuslaakson alueelta Sacramentosta.

En muista paljoakaan noista varhaisista vuosista. Kotimme oli korkeiden mäntyjen keskellä lähellä Tahoe-järven, "Taivaallisen järven," kristallinkirkkaita vesiä. Lumipeite kasvaa siellä paksuksi, ja kahden metrin lumikerros on talvisaikaan aivan tavallista.

    Veljeni Carl syntyi, kun olin viiden ikäinen. Sisareni Susan syntyi, kun olin kahdeksanvuotias. Koska olin perheen lapsista vanhin, menin kouluun ensimmäisenä ja sain tehdä paljon muitakin asioita ensimmäisenä. Meillä oli aina paljon ystäviä naapurustossa ja nautimme metsissä samoilemisesta ja talvisin hiihtämisestä. Metsästys oli minulle rakasta. Isäni opetti minut metsästämään lintuja, kun olin kymmenvuotias. Myöhemmin metsästimme peuroja. Me ja sukulaisemme kokoonnuimme joka syksy peuraleirille vuoristoon. Niinpä perheemme tunnettiinkin yhtenä parhaimmista metsästäjistä.

    Kun täytin yksitoista, isäni laittoi minut työskentelemään miestensä kanssa. Olin aiemminkin ollut hänen kanssaan rakennuksilla töissä, mutta tässä varhaisessa iässä aloin kesäisin työskennellä täysiaikaisesti saaden tunnissa 15 senttiä palkkaa. Aluksi se oli hauskaa mutta osoittautui raskaaksi työskennellä kahdeksan tuntia päivässä viitenä päivänä viikossa. Joskus isäni antoi minun lähteä kalaan. Joka kesä siitä eteenpäin minun täytyi tehdä töitä: kantaa tiiliä ja kiviä, sekoittaa betonia, rakentaa takkoja ja tehdä muuta muuraustyötä. Kun vartuin teini-ikäiseksi, olin tullut vahvaksi ja sain hyvää palkkaa. Minut tunnettiin ahkerana työmiehenä.

    Isäni kärsi alkoholiongelmasta. Monesti hän pysähtyi baariin kotimatkallaan. Hänen juomisensa aiheutti paljon ongelmia ja kurjuutta perheessämme. Kumpikaan vanhemmistani ei tuntenut Herraa. Kaikki lapset kastettiin luterilaisessa seurakunnassa, koska perheemme oli sukujuuriltaan suomalainen. Emme kuitenkaan käyneet usein kirkossa. Elimme kuten muutkin. Olin kuullut, että Jeesus oli kuollut syntiemme tähden, mutta en välittänyt siitä. Äitimme laittoi meidät pyhäkouluun Tahoe Cityssä, kun olimme nuoria, mutta en koskaan olisi halunnut käydä siellä.

Nuorin veljeni Eric syntyi juuri ennen collegeen menoani. Pian sen jälkeen vanhempani erosivat. Isäni juomisongelma oli aiheuttanut meille kaikille niin paljon ongelmia, että luulin avioeron olevan oikea ratkaisu. Vuosia myöhemmin oivalsin sen olleen virhe. Kävin collegea Ericin ollessa hyvin pieni. Ikäeromme oli 18 vuotta. Tapasin perhettäni ainoastaan käydessäni viikonloppuisin kotona. Kun valmistuin Sierra Collegesta, siirryin opiskelemaan Wyomingin Yliopistoon Laramien kaupunkiin Wyomingin osavaltioon. Sain apurahan hiihtosuoritusten perusteella, ja opiskelin eläintiedettä. Elin suhteellisen siistiä elämää urheilijanuorukaisena, mutta olin syntinen muiden tavoin.

Puoli vuotta ennen kuin minun oli määrä valmistua yliopistosta, minut värvättiin armeijaan. Sain koulutuksen lääkintämiehenä. Vietnamin sota oli huipussaan, ja minutkin lähetettiin sinne. Se oli vaikeaa aikaa minulle. Olin menestynyt lääkintämieskoulutukseni aikana. Kahdelta jatkokurssilta sain kunniamaininnan. Mutta kun saavuin taistelukentälle, sopeutuminen oli vaikeaa. Miehiä kuoli kaikkialla ympärilläni. Näytti kuin mikään ei estäisi kuolemaani. Viidakon ilmasto oli kuuma ja kostea. Päivät tulivat sumeiksi. En tiennyt, eläisinkö vai kuolisinko. Kurjuus vallitsi kaikkialla. Mietin elämän tarkoitusta.

Eräänä päivänä sain kiireisen viestin esikunnasta. Isäni kerrottiin olevan hyvin sairas, ja minut lähetettäisiin välittömästi Kaliforniaan. Oltuani taistelukentällä vain kolme kuukautta, minut lähetettiin kotiin. En palaisi koskaan sotaan. Saavuin sairaalaan isäni vuoteen äärelle. Hän oli saanut aivohalvauksen juomisensa seurauksena ja makasi syvässä koomassa. Lopulta hän toipui mutta ei koskaan enää pystynyt puhumaan selvästi. Hän eli yli 20 vuotta sen jälkeen, mutta hänen terveytensä oli hyvin heikko.

Kun lomani oli ohitse, minut lähetettiin Alaskaan Yhdysvaltojen ampumahiihtojoukkueeseen. Siellä palvelin loput kahden vuoden palvelusajastani. Vuonna 1972 yritin päästä talviolympialaisiin. Vain kuusi parasta ampumahiihtäjää lähetettiin Sapporoon, Japaniin. Minä olin seitsemäs.

Kun vapauduin armeijasta, palasin päättämään opintoni Wyomingin Yliopistoon. Siellä tapasin vaimoni Lindan. Hän opiskeli lääketiedettä. Hän oli oppinut uskomaan Jeesukseen oppikouluaikanaan. Hän kertoi minullekin pelastuksesta ja sen tarpeellisuudesta. Kuuntelin häntä. Elämäni oli muuttunut rauhallisemmaksi sodasta palattuani. En kuitenkaan uskonut Raamattuun. Olin tiedemies. Minun täytyi nähdä uskoakseni. Yliopistosta valmistuttuani menin Alaskaan. Osallistuin vaaralliseen vuoristokiipeilyretkikuntaan. Vuoristokiipeily oli ollut yksi harrastuksistani Wyomingissa. Pelastuin täpärästi kuolemalta tuon matkan aikana. Se laittoi minut ajattelemaan kuolemanjälkeistä elämää.

Tämän jälkeen työskentelin lohibiologina Alaskassa. Seuraavana syksynä vierailin Lindan luona Laramiessa. Puhuimme Jeesuksesta. Kun lähdin, Linda antoi minulle kirjan 'Evidence That Demands a Verdict' (Varteenotettavia Todisteita). Laivamatkani aikana Alaskaan aloin lukea tuota kirjaa. Se kertoi, mistä Raamattu oli peräisin. Kun puntaroin todisteita, minulle kävi selväksi, että Raamattu on täydellinen ja virheetön Jumalan Sana. Ymmärsin olleeni älytön 25 vuoden ajan kulkien omia syntisiä teitäni. Jumala työskenteli yliluonnollisella tavalla sydämmessäni, ja uskoin kaikkiin niihin Raamatun totuuksiin, joita olin niin pitkään vastustellut. Tiesin, että Jeesus oli kuollut minunkin tähteni.

Laivan saapuessa Anchoragen kaupunkiin Alaskassa ostin itselleni Uuden testamentin ja luin sen. Uskoin jokaisen sanan. Milloinkaan sen jälkeen en ole epäillyt Jumalan Sanaa. Hän pelasti minut synneistäni, ja elämäni muuttui kokonaan. Linda ja minä olimme kirjeenvaihdossa. Hän hämmästyi muuttunutta elämääni. Kun hän valmistui Yliopistosta toukokuussa 1974, menimme naimisiin hänen kotikaupungissaan Columbuksessa, Montanassa. Teimme kolmen viikon häämatkan Suomeen ja Skandinaviaan. Ensimmäinen kotimme oli teltta Kasilof-joen rannalla Alaskassa. Olin biologi. Alaskan osavaltio oli työnantajani. Työtoverini oli nimeltään Mike Matthews. Mike oli ollut kristitty hieman meitä pidempään. Hän oli meille hyvänä esimerkkinä. Myöhemmin syksyllä muutimme talveksi Anchorageen.

Tiesimme, että meidän pitäisi löytää hyvä seurakuntakoti. Niinpä aloitimme etsimisen. Teimme listan asioista, joihin Raamatun perusteella uskoimme. Kun olimme vierailleet useissa kirkoissa, löysimme Grace Baptistiseurakunnan. Kun keskustelimme pastorin kanssa, huomasimme olevamme samaa mieltä uskonkappaleista. Meidät kastettiin siellä. Ensimmäinen lapsemme, tyttäremme Karin, syntyi helmikuussa 1975. Tunsimme, että Herra johdatti meitä täysiaikaiseen lähetystyöhön. Niinpä kesällä 1975 muutimme Iowaan mennäksemme raamattuyliopistoon. Vietimme kolme vuotta Iowassa. Poikamme Daniel syntyi siellä 1976.

Jumala työskenteli sydämessämme, ja me halusimme noudattaa Hänen tahtoaan. Hän käytti meidän taustaamme ja rakkauttamme suomalaisia kohtaan. Hän kutsui meidät lähetystyöhön Suomeen. Kun saimme opintomme raamattuyliopistossa päätökseen, ryhdyimme keräämään tukea lähetystyötämme varten Baptist Mid-Missions -ryhmän johdolla. Tyttäremme

Liisa syntyi keväällä 1980. Kotiseurakuntamme Anchoragessa lähetti meidät Suomeen heinäkuussa 1980. Siitä lähtien olemme asuneet Tampereella kolmen lapsemme kanssa. Lähetystyömme on ollut vaikeaa. Hiljattain olemme nähneet, kuinka Jumala on alkanut työskennellä ihmisten sydämissä. Kiitämme Jumalaa niistä, jotka palvelevat kanssamme. Erityisesti edesmennyt Oiva oli meille läheinen ystävä Herrassa.

Vuonna 1991 Neuvostoliitto avautui saarnaajille. Pääsimme yhteyteen Pietarissa toimivan rekisteröimättömän baptistiseurakunnan kanssa. Olemme olleet yhteistyössä vuodesta 1992. Jumala on siunannut Sanansa saarnaamisen siellä. Sama evankeliumi, joka on kantanut paljon hedelmää Venäjällä, on kantanut vähän hedelmää Suomessa. Kiitämme Herraa kaikesta, mitä Hän on tehnyt pelastaessaan meidät ja antaessaan meille mahdollisuuden Hänen palvelemiseensa.

Tyttäremme Karin on naimisissa Dean Sicolin kanssa. Heillä on kolme poikaa, Luke, Will ja Matthew. He asuvat lähellä New York Cityä. Poikamme Daniel on raketti-insinööri Los Angelesissa, Kaliforniassa. Hänen työnantajansa on Pratt and Whitney Rocketdyne. Hän työskentelee mm. Avaruussukkulan päämoottorin kehittämistyössä. Hänen vaimonsa on Julie, ja heillä on neljä lasta, Hannah, Andrew, Micah ja Lydia. Liisa asuu North Carolinassa miehensä Joshua Merckin kanssa. Heillä on kaksi lasta, Lewis ja Sylvie. Kaikilla lapsillamme on hyvät seurakunnat.

Tom Ruhkala

Tom ja Linda Ruhkala asuvat nyt takaisin Yhdysvalloissa. He palvelivat 38 vuotta lähetystyöntekijöinä Suomessa.

www.ingramcontent.com/pod-product-compliance
Lightning Source LLC
Chambersburg PA
CBHW071659170426
43195CB00039B/2311